Lektürehilfen
Gustave Flaubert
„Madame Bovary“
Mœurs de province

---

von Wolf-Dietrich Albes

Ernst Klett Verlag für Wissen und Bildung
Stuttgart · Dresden

In der Klett-Reihe „écho d“ ist eine gekürzte Textausgabe des Romans erschienen (Klettbuch 59736).

Die Deutsche Bibliothek – CIP-Einheitsaufnahme

Albes, Wolf-Dietrich:
Lektürehilfen Gustave Flaubert, «Madame Bovary»:
mœurs de province / Wolf-Dietrich Albes. –
Stuttgart; Dresden: Klett, Verlag für Wissen und Bildung, 1992
(Klett-Lektürehilfen)
ISBN 3-12-922401-7

2. Auflage 1992

Satz: Fotosatz Janß, Pfungstadt
Druck: Wilhelm Röck, Weinsberg
Einbandgestaltung: Hitz und Mahn, Stuttgart
ISBN 3-12-922401-7

Inhalt

Einleitung

1. Ein Skandal zum Auftakt

Die Geschichte eines Ehebruchs

Madame Bovary: Eine junge Frau bricht aus ihrer langweiligen Ehe mit einem mittelmäßigen Landarzt aus. Da sie ihre romantischen Lebensideale auch in ihren beiden heimlichen Liebesaffären nicht verwirklichen und zudem ihre Schulden nicht mehr zurückzahlen kann, vergiftet sie sich schließlich.

Ein Skandalerfolg

Aus diesem wahrlich nicht umwerfenden Stoff einen Roman von Weltrang geformt zu haben, der 1857 bei seiner Veröffentlichung einen Skandalerfolg erzielte, ist das Verdienst Gustave Flauberts (1821–1880).

Ein Roman auf der Anklagebank

Die Neuerungen, die *Madame Bovary* auszeichnen, sind für den heutigen Leser moderner Romane meist nicht mehr erkennbar, für damalige Verhältnisse jedoch geradezu revolutionär – und eben skandalös. Hans-Robert Jauß hat darauf hingewiesen, daß der Staatsanwalt Pinard – vor dem Hintergrund seiner literarischen Erfahrungen und in Verkennung der neuen Erzähltechnik – geradezu zwangsläufig Anklage gegen Flaubert wegen Sittenwidrigkeit erheben mußte.
Wie ist dies zu verstehen?

2. «Madame Bovary» als erzählerische Revolution

Verwissenschaftlichung des Romans

Flaubert ist einer der maßgeblichen Autoren, die die Verwissenschaftlichung des Romans im 19. Jahrhundert weiter vorantrieben. Darunter ist das Bemühen zu verstehen, den literarischen Schaffensprozeß unter naturwissenschaftliche Prämissen wie Objektivität, Distanz, Präzision, Gesetzmäßigkeit u. a. m. zu stellen, um dadurch zur „Wahrheit" vorzustoßen.

Der unsichtbare Erzähler

So war es das vordringlichste Ziel Flauberts, sich als Autor und Erzähler möglichst unsichtbar zu machen, *so wie Gott im Universum, überall anwesend und doch nirgends sichtbar* zu sein (Brief an Louise Colet). Statt wie in der bisherigen Romantradition als allwissender und allmächtiger auktorialer Erzähler dozierend, kommentierend oder wertend einzugreifen, versucht Flaubert, das Geschehen aus der Perspektive der Romanfiguren zu schildern, sie abwechselnd zu dem jeweiligen erzählerischen Medium zu machen.

«discours indirect libre»

Als erzähltechnisches Mittel dient hierbei der *discours indirect libre*, die sog. „erlebte Rede". *Die konnte vielleicht tanzen!* heißt es beim Ball auf dem Schloß Vaubyessard unvermittelt. Flauberts Vorgänger Balzac hätte wohl erst einmal umständlich formuliert: *Als Emma das Paar so sah, dachte sie bewundernd und neidisch bei sich: «Die kann vielleicht tanzen!»* und anschließend einige Passagen lang über das Verhalten von Frauen im allgemeinen oder beim Tanzen philosophiert.

impassibilité impersonnalité impartialité

Flauberts neue Erzähltheorie dagegen folgt drei bedeutungsmäßig eng miteinander verknüpften Leitbegriffen: *impassibilité/impersonnalité/impartialité*.

Der Erzähler sollte sich – eben wie im Idealfall der Naturwissenschaftler – leidenschaftslos (*impassible*) und unparteiisch (*impartial*) verhalten und deswegen nicht persönlich (*impersonnel*) eingreifen. Daran hat sich Flaubert – mit Ausnahme einiger Passagen mit deutlich auktorialer Tönung – auch weitgehend gehalten, vor allem an den als „sittenwidrig" empfundenen Stellen.

Der Irrtum des Staatsanwalts

So erlag der Staatsanwalt einem fundamentalen Irrtum, indem er von einem traditionellen Erzähler ausgehend das Fehlen einer deutlich formulierten Distanzierung des Erzählers von den moralisch verwerflichen Taten und Gedanken seiner Figuren monierte. Jauß führt dazu aus: *[. . .] die inkriminierten Sätze sind keine objektive Feststellung des Erzählers, der der Leser Glauben schenken kann, sondern eine subjektive Meinung der Person, die damit in ihren nach Romanen gebildeten Gefühlen charakterisiert werden soll. [...] Die konsternierende Wirkung der formalen Neuerungen in Flauberts Erzählstil wird im Prozeß offenkundig: die unpersönliche Erzählform nötigte seine Leser nicht allein, die Dinge anders* – photographisch genau, *nach dem Urteil der Zeit – wahrzunehmen, sondern stieß sie zugleich in eine befremdende Unsicherheit des Urteils.* (Jauß 1970, S. 203 ff.)

Möglichkeiten der indirekten Wertung

Darüber hinaus stellen natürlich Auswahl, Aussehen, Charakterisierung und Handlungen bestimmter Romanfiguren ebenso bereits eine indirekte Wertung des Autors dar, die nicht jeder Leser auf Anhieb erkennt. Auch der *discours indirect libre* beinhaltet die Möglichkeit einer bewußten, sehr subtilen und raffinierten, weil nicht eindeutig faßbaren Leserlenkung, da der Autor seine eigene Meinung hinter den Perspektiven der Personen verstecken kann.

Emmas Totenmesse aus Charles' Sicht

Wenn Emmas Totenmesse durch den abbé Bournisien aus der Sicht des völlig entnervten, ungeduldigen und sakraler Riten unkundigen Charles beschrieben wird, dann spielt hier sicherlich viel von der ablehnenden Haltung Flauberts gegenüber dem Katholizismus mit hinein: *Herr Bournisien, in großer Aufmachung, sang mit hoher Stimme; er grüßte den Tabernakel, hob die Hände, breitete die Arme aus. [...]. Und immer wieder dasselbe: Man sang, man kniete nieder, man erhob sich, das nahm einfach kein Ende!*

Realismus gegen Romantik

Etwas anders liegt der Fall bei den ersten Begegnungen der zukünftigen Eheleute: die Landschaft, die der schlaftrunkene Charles auf einem holprigen Weg im düster-kalten Morgengrauen durchquert, ist alles andere als der verheißungsvolle traditionelle Auftakt zur großen romantischen Liebesbegegnung. Später wird es noch grotesker: Charles sieht der deutlich schwitzenden Angebeteten beim Aufräumen in der Küche zu, während in der sommerlichen Hitze Fliegen in den Cidreresten schmutziger Gläser ersaufen und draußen auf dem Hof ein Huhn beim Eierlegen kreischt. Hier ist – auch ohne umständlichen Kommentar einer autonomen Erzählerinstanz – die Botschaft Flauberts eindeutig: die sentimentale Romantik ist tot, es lebe der nüchterne Realismus.

Flauberts Wandlung zum Realismus

In *Madame Bovary* bricht Flaubert endgültig mit der romantischen Tradition und deren „lyrischem" Weltbild, das sein Jugendwerk noch prägte. Am deutlichsten wird sein Wandlungsprozeß bei einem Vergleich der beiden Fassungen der *Education sentimentale.* 1845 endet der Roman mit dem Aufstieg des bourgeoisen Opportunisten Henry Gosselin, dem der romantische Entschluß seines ehemaligen Freundes entgegengehalten wird, der als Künstler aus der Gesellschaft ausbricht.

Die totale Desillusionierung

1869 dagegen sind Desillusionierung und Scheitern der beiden „Helden" total. Sie haben die Zeit vertrödelt, ohne rechte Energie dahingelebt, passiv auf die Erfüllung ihrer überspannten romantischen Lebensvorstellungen gewartet. Was am Schluß bei der Rekapitulation ihres Lebens noch bleibt, ist ein mißglückter gemeinsamer Bordellbesuch in der Jugendzeit. Und das Wiedersehen mit der einstigen Geliebten, die mittlerweile weiße Haare hat, bleibt einsilbig, kurz, banal. Entsprechend die sprachliche Umsetzung in dem nüchternen Fazit: *Et ce fut tout.*

«mot juste»

Mit einer bis dahin ungekannten Präzision des *mot juste*, nach dem Flaubert oft tagelang verzweifelt suchte, mit einer unerbittlichen Schärfe, die zwischen Humor und Zynismus oszilliert, deckt Flaubert das Groteske im Verhalten, Denken und Fühlen seiner Gestalten auf. Wo seine Vorgänger – und auch zahlreiche Nachfahren – wortreich kommentieren und lamentieren, blendet Flaubert geschickt aus oder macht einen Schnitt.

«blanc»

Er überläßt es der Vorstellungskraft seiner Leser, den *blanc*, den weißen Fleck auszufüllen, der durch diese „Sprünge" entsteht. So etwa bei der Niederkunft Emmas, die sich sehnlichst einen Sohn wünscht:

> *– Es ist ein Mädchen! sagte Charles.*
> *Sie wandte ihr Gesicht ab und wurde ohnmächtig.*

Fast grotesk wirkt der *blanc* anläßlich des Todes von Héloïse, Charles' erster Frau, die mit dem Ausruf *Ah! mon Dieu!* überraschend in Ohnmacht fällt:

Sie war tot! Welch ein Erstaunen!
Als auf dem Friedhof alles vorbei war, ging Charles wieder nach Hause.

3. «Un roman sur rien» – Ende im Nichts

Emma Bovary: kein neuer Don Quijote

Flauberts Roman wurde häufig mit Cervantes' *Don Quijote* verglichen. Meist übersah man dabei aber, daß sich Don Quijote in der Regel mit seiner ebenfalls literarisch bedingten *locura* („Verrücktheit") – er hat die mittelalterlichen Ritterromane ernstgenommen – gegenüber der grundsätzlich vernünftigen Umwelt ins Unrecht setzt. Deswegen ist seine Genesung von der *locura* und sein friedlicher Tod im heimischen Bett am Ende nur konsequent. Emma dagegen beharrt auf ihren Illusionen und muß einen grauenhaften Tod sterben.

Emmas Tod

Noch nicht einmal das Jenseits bietet ihr einen akzeptablen Trost. Als sie nach dem Bruch mit Rodolphe krank wird und in Todesahnung bereits die Sterbesakramente empfängt, meint sie, seraphische Harfenklänge zu hören und auf dem goldenen Thron Gottvater zu erblicken, auf dessen Zeichen hin die Engel zu ihr herabfliegen, um sie in den Himmel zu tragen. Diese *vision splendide* erweist sich angesichts des späteren entsetzlichen Todeskampfes Emmas als weitere furchtbare Illusion. Statt der erhofften Erlösung wie in Goethes *Faust* erwartet Emma ewige Verdammnis, wird sie doch durch die letzte Ölung noch einmal nachhaltig an ihre sündige Existenz erinnert.

Die Auflösung im Nichts

Marianne Beyerle (1975, S. 68) hat darauf hingewiesen, daß Flaubert in bewußter Umkehrung der Reihenfolge nicht die Bitte um Vergebung und Barmherzigkeit an das Ende stellt, sondern den betörenden Reigen der Todsünden noch einmal eindringlich beschwört und das verzweifelte Gelächter Emmas beim Anblick der Bettlerfratze schaurig ertönen läßt, bevor *sie aufhört zu existieren* und im absoluten Nichts versinkt.

Emmas Haare – ein Leitmotiv

Einzig ein Haarbüschel wird von ihr noch zurückbleiben, das der Apotheker Homais ihr auf Charles' Bitte hin bei der Totenwache mit zittrigen Händen abschneidet.

Emmas Haare bzw. Frisuren sind eines jener zahlreichen Leitmotive, auf die der Leser immer wieder im Romanverlauf stößt: sie stehen für ihre sexuelle Leidenschaft, aber auch für ihr tragisches Schicksal. Das einzige Detail, das der tolpatschige Charles an der Oper *Lucie de Lammermoor* in Rouen richtig gedeutet hatte, war Lucies Frisur. *Sie trägt die Haare offen, das verspricht ja tragisch zu werden*, bemerkt er in narrenhafter Hellsichtigkeit. Denn Emma trägt bei den Treffen mit ihren Liebhabern stets die Haare offen . . .

Charles' „romantischer Tod"

Charles stirbt ebenso grotesk wie er zu Beginn auf der Bildfläche erschienen war. Sein Tod setzt den Schlußstrich unter eine Figur, deren Naivität und Mittelmäßigkeit am Ende nur noch Mitleid wecken. Das letzte Zusammentreffen mit Rodolphe hat ihm seine Beschränktheit und Unterlegenheit offenbar so schmerzlich bewußt gemacht, daß er nicht mehr weiterleben kann. Er sackt auf jener Gartenbank zusammen, auf der sich einst seine Frau mit ihrem Liebhaber vergnügte. In seinen Händen hält er bezeichnenderweise das Symbol seines Unglücks, Emmas Haarbüschel. Als ihn seine Tochter sanft anstößt, stürzt er vornüber in ein Meer von Blumen – ein bewegenderes Bild hätte Flaubert wohl kaum für seinen Tod finden können. Umso ernüchternder der Obduktionsbefund seines Kollegen Canivet: *il ne trouva rien.*

4. Flauberts Haß auf den Bourgeois

Der häßliche Bourgeois

So sehr Flaubert Emmas Flucht in eine literarisch-romantische Trugwelt verdammt, so wenig sieht er in der bürgerlich-verlogenen Gegenwelt eine akzeptable Alternative. *Und wenn es mir auch die Brust zerreißt, ich werde über meine Zeitgenossen den Abscheu auskotzen, den sie mir einflößen!* Dieser

Wutausbruch Flauberts gilt dem häßlichen Bourgeois, dem skrupellosen Wucherer Lheureux, dem dumm-arroganten und opportunistischen Apotheker Homais, dem unbeholfenen abbé Bournisien und den biederen bis dreisten Liebhabern Léon und Rodolphe.

«bêtise bourgeoise» und «idée reçue»

Sie alle sind von der *bêtise bourgeoise* vergiftet, können nur noch in Gemeinplätzen, den sogenannten *idées reçues* denken und sprechen. Sie ähneln dem *Gerede* bei Martin Heidegger: Es sind unbesehen übernommene Fremdmeinungen, die das eigene Denken und Urteilen ersetzen, „leeres Geschwätz“, bestenfalls Halbwissen, pompös aufgebauscht und eingekleidet in schablonenhaft geronnene, fast automatisch und reflexartig reproduzierte Sprache, Bilder, Vergleiche, Assoziationen. Flaubert sammelte sie sorgfältig, um sie in einem eigenen Wörterbuch, dem *Dictionnaire des idées reçues*, im Anhang von *Bouvard et Pécuchet*, zu veröffentlichen. Hier ein paar Kostproben:

Bauernhof — *Bei einem Besuch auf dem Bauernhof darf man nur Schwarzbrot essen und Milch trinken. Kommen Eier hinzu, ausrufen: Mein Gott, sind die frisch! Solche bekäme man ja nie in der Stadt!*

Natur — *Wie schön die Natur doch ist! Immer dann sagen, wenn man auf dem Land ist.*

Fußschweiß — *Zeichen von Gesundheit.*

Philosophie — *Immer darüber kichern.*

Priester — *Man sollte sie kastrieren. Schlafen mit ihren Haushälterinnen und bekommen Kinder, die sie als Neffen bezeichnen. Trotzdem gibt es unter ihnen auch ganz gute.*

Die allumfassende Dummheit

Nur wenige Figuren wirken überhaupt noch authentisch. Unter ihnen befindet sich Emmas Vater, *le père Rouault*, dessen bewegendes Eingeständnis, Charles nicht mit wohlfeilen Worten trösten zu können, sich von der Geschwätzigkeit Homais’ und des abbé Bournisien wohltuend abhebt. Der von Flaubert verbittert diagnostizierte „Krebs der Dummheit“ hat fast alle gleichermaßen befallen, seien es nun die provinziellen Kleinbürger und grobschlächtigen Bauern von Yonville, sei es der groteske Altadel im trügerischen Ballrausch auf dem Schloß

Vaubyessard. Selbst die alte Dienerin, die anläßlich der Landwirtschaftsschau auf die Ehrentribüne gezerrt und für ihre 54 Dienstjahre mit einer lächerlichen staatlichen Auszeichnung bedacht wird, verharrt in devotem Stumpfsinn.

Flauberts Perspektivelosigkeit

Die spärlichen „Gerechten" wie der vorbildliche Arzt Larivière und der Lehrling Justin (*juste*: „gerecht") sind letztlich machtlos oder gehen ihren Leidensweg bis zum bitteren Ende. Eine erlösende Perspektive ist von ihnen ebensowenig zu erwarten, wie von den Vertretern liberaler oder gar sozialistischer Ideen: In seinem Antiklerikalismus gegenüber dem dumpf-autoritären und unsensiblen abbé Bournisien bekommt der geschwätzige und eingebildete Homais zwar recht, doch die Verehrung für seinen neuen Gott, die Wissenschaft, läßt ihn – auf seine Art blind und blöde – als eine besonders aufschlußreiche Variante der *bêtise bourgeoise* erscheinen.

5. Flaubert in der Literaturkritik

Verherrlichung und Vereinnahmung

Erfolgreiche, bahnbrechende, „große" Werke bringen in der Regel eine kaum mehr übersehbare Anzahl von Kritiken hervor. Angefangen von seinem aufsehenerregenden Immoralismus-Prozeß, der dank seines literarisch wie rhetorisch verblüffend gewitzt argumentierenden Verteidigers Sénard, dem er aus Dankbarkeit später den Roman widmete, mit völligem Freispruch endete, bis hin zur teilweise fast groteske Züge annehmenden Vereinnahmung durch Vertreter des *Nouveau Roman* – Flaubert ist hier fast nichts erspart geblieben. Selbst der große Jean-Paul Sartre hat sich über 2000 Seiten lang über ihn ausgelassen – von den Legionen der Psychoanalytiker und Strukturalisten ganz zu schweigen.

Flauberts unkritische Verehrer

Auch wenn Sartre in seinem unvollendet gebliebenen Werk *Der Idiot der Familie* gleich seine eigenen Probleme mit aufgearbeitet hat, verdient sein Ansatz eine besondere Würdigung. Von Sartre stammt in der Tat die wohl schwerwiegendste und fundierteste Kritik an Flaubert: Er warf ihm u. a. vor, genauso von der *bêtise bourgeoise* und ihren *idées reçues* infiziert gewesen zu sein, wie die Adressaten seiner dahingehenden Kritik.

In der Regel hat die *critique littéraire* jedoch den „großen Meister" Flaubert recht unkritisch bejubelt und dabei vor allem seine formalen Neuerungen hervorgehoben. In diesem Zusammenhang nimmt es nicht wunder, wenn sich vor allem die französische Kritik immer wieder begeistert mit dem vermeintlich zentralen Kapitel der *Comices agricoles* befaßt.

Die «Comices agricoles»-Szene

Dort werden als geradezu revolutionäre formale Neuerung zwei Diskurse so kunstvoll ineinander verschränkt, daß sie sich gegenseitig in ihrer raffinierten Plattheit entlarven. Daß Flaubert hier schlichtweg des Guten zuviel tat und diese Szenen in fast Balzacscher Manier unendlich aufblähte, kam jenen Bewunderern meist nicht in den Sinn. So wird dieses angeblich so zentrale Kapitel nach wie vor am häufigsten als typischer Auszug zitiert und deshalb auch fast schon automatisch mit dem Roman assoziiert.

6. Die Struktur des Romans

Die Bedeutung der Klumpfußoperation

Erich Köhler hat allerdings nachgewiesen, daß Charles' mißglückte Klumpfußoperation in formaler wie inhaltlicher Hinsicht die zentrale Stelle des Romans einnimmt (vgl. S. 122 f.). Rein formal steht sie innerhalb der streng symmetrischen, spiegelbildlichen Grundstruktur in der Romanmitte (s. Skizze S. 107).

Symmetrie und Peripetie

Inhaltlich sieht Köhler sie in Anlehnung an die Peripetie der aristotelischen Konzeption der Tragödie als den Punkt des Umschwungs: Nach der Enttäuschung durch Rodolphe bekommt Charles von Emma eine letzte Chance, die angesichts ihrer Situation als bürgerliche Ehefrau auch ihre letzte Möglichkeit ist, über ihren Ehemann zu dem erhofften Ansehen und dem erträumten romantischen – und luxuriösen – Leben zu gelangen. Nach Charles'

Scheitern erscheint das tragische Ende als unausweichlich, wendet sich Emma endgültig von ihrem so unheldenhaften Partner ab und „stürzt ins Verderben“.

7. Madame Bovary als Frauenschicksal

Emmas romaneskes Lebensideal

Emma hat ihre Jugend im Kloster verbracht und sich dort über die Lektüre romantischer Literatur ein Lebensideal aufgebaut, das mit der erlebten Realität schmerzlich kontrastiert. Sie träumt nach dem Vorbild ihrer Romanvorlagen von leidenschaftlichen und heldenhaften Liebhabern, die ihr täglich Liebesbriefe schreiben, immer zwei geladene Pistolen bei sich tragen und sie auf abenteuerliche Weise in ein exotisches Leben mit ewig feuriger Liebe entführen.

«bovarysme» und Status der kleinbürgerlichen Frau

Mit der kleinbürgerlich-ländlichen Existenz Emmas an Charles' Seite allerdings hat dies wenig zu tun. Als bäuerlicher, mittelmäßiger *officier de santé* – also vom Status her noch nicht einmal ein richtiger Arzt! – ist er nicht in der Lage, Emmas Wunsch nach gesellschaftlicher Geltung zu befriedigen. So verwundert die bittere Feststellung von Madame Bovary, Tochter des wohlhabenden Bauern Rouault, nicht weiter, ihr Unglück habe eigentlich erst mit der Heirat begonnen. Bereits der Romantitel weist auf ihren Status hin: *c'est le nom d'un autre*, sie trägt den Namen eines anderen, wie Rodolphe spöttisch bemerkt. Daher ist die „romaneske Unzufriedenheit“ mit ihrer Existenz, der sogenannte *bovarysme*, letztlich auch eng an ihre Situation als weitgehend unmündige und von ihrem Mann abhängige kleinbürgerliche Frau geknüpft.

Konsumrausch als Ersatzbefriedigung

Emmas materielle Ansprüche erweisen sich aufgrund der eher bescheidenen finanziellen Verhältnisse als existenzgefährdend, da sie nach anfänglichen Skrupeln in einen wahren Konsumrausch verfällt: Wenn sie schon unverschuldet eine derartig mittelmäßige, von *ennui* und prosaischer Banalität geprägte Existenz erleiden muß – so Emmas Logik –

dann will sie wenigstens in einer Art Ersatzbefriedigung ihre *fantaisies* ausleben. So putzt sie sich nach dem Vorbild ihrer Pariser Modezeitschriften und Romanlektüren heraus, kauft sich immer neue Schärpen, Deckchen, Stiefelchen und sonstige modische Accessoires, die bald in Kommoden und Schränken verschwinden, um Platz für neue Anschaffungen zu machen.

Illusion Verschwendung Ehebruch

Neu bei Flaubert ist nun die Verknüpfung dieser geradezu ins Krankhafte gesteigerten Verschwendungssucht mit den beiden anderen Motiven: der unreflektierten Lektüre romantischer Literatur und dem Ehebruch. Erst das Zusammenwirken dieser Trias führt zu einer als schicksalhaft konzipierten, tragisch endenden Kettenreaktion, an deren Anfang die literarisch bedingte romantische Illusion bzw. deren ausbleibende Überwindung steht.

Flauberts „masochistischer Realismus“

Zwar ist der legendäre Satz Flauberts *Madame Bovary, c'est moi!* nicht verbürgt, doch mit einigen Abstrichen trifft er wohl des Pudels Kern: Mit seinem ersten „realistischen“ Roman *Madame Bovary* hat sich Flaubert selbst den Prozeß gemacht, sein gesamtes, in seinen Augen romantisch „vergiftetes“ Jugendwerk – bis hin zur ersten Version der *Education sentimentale* – erbarmungslos verworfen und sich gleichermaßen selbst therapiert und geheilt. Daß er diese rücksichtslose, fast masochistische Abrechnung nun ausgerechnet am Beispiel einer Frau vollzieht, kann besonders bei heutigen Leser(inne)n Kritik bzw. Solidarität mit der Romanheldin hervorrufen.

Emma als Opfer der Männergesellschaft?

Ist Emma nicht unschuldiges Opfer einer Männerwelt, die den Frauen als eine mögliche Entschädigung für ihre Unmündigkeit und Fremdbestimmung die Flucht in literarische Scheinwelten und deren irrationale romantische Lebensentwürfe nahelegt? Allerdings versucht ausgerechnet eine Frau – Emmas Schwiegermutter – alle Romane dieser Art von ihr fernzuhalten und sie so zur Annahme des bürgerlichen, „männlichen“ Realitätsprinzips zu bewegen. Nicht zuletzt wurden zahlreiche dieser romantischen Werke auch von Frauen verfaßt.

Emma als kapriziöses Mann-Weib

Auf der anderen Seite könnte man Flaubert aus heutiger Sicht vorwerfen, seine Heldin bewußt abzuwerten, weil sie den gängigen männlichen Verhaltensnormen nicht entspricht. Zur Irritation ihrer Liebhaber nämlich ist es Emma, die schnell die Initiative ergreift und den Spieß umdreht: die „eroberte“ Frau erscheint nun als kapriziöse und launische Herrscherin, als dandyhaftes Mann-Weib, das rauchend und in Männerkleidung seine „spießige“ Umgebung provoziert. Der großspurige „Eroberer“ Léon sieht sich gar zur gefügigen, sexuell völlig hörigen *maîtresse* degradiert.

Der „Fall“ Léon: Sentimentalität und bürgerliche Karriere

Gerade die Entwicklung Léons vom schüchtern-sentimentalen Jüngling zum zynisch-berechnenden Karrieristen könnte aus dieser Sicht als symptomatisch für sein bürgerliches Umfeld gelten, das die Sehnsucht nach ursprünglichem, von gesellschaftlichen Konventionen unabhängigem Glück in die Sphäre der Literatur verbannt bzw. zeitlich auf eine bestimmte Lebensphase – Jugend und Ausbildung – beschränkt. Als Léon seinen beruflichen Aufstieg durch die Beziehung zu Emma gefährdet sieht, läßt er sie auf Anraten seines Vorgesetzten fallen: die Spielregeln der bürgerlichen (Männer-)Gesellschaft fordern die „Überwindung“ jener unterminierenden Lebensvorstellungen und die Übernahme vorgegebener Rollen – und dies für Mann und Frau gleichermaßen.

Flaubert als konservativer Bourgeois?

Es wäre jedoch verfehlt, den Schöpfer Emmas nun zu jenen Verfechtern einer patriarchalisch-bürgerlichen Gesellschaftsordnung zu rechnen, die die Frau auf ihre Rolle als liebevolle und aufopferungsbereite Mutter und bescheidenes „Heimchen am Herd“ reduzieren möchte. Ausgerechnet diesen „Lebensentwurf“ geißelt Flaubert unbarmherzig in der Figur der Madame Homais. Doch muß er als realistischer Schriftsteller ohnmächtig und verbittert den Sieg dieser blasierten und proppereren Musterfamilie als Inbegriff der *bêtise bourgeoise* am Ende des Romans zulassen.

Bei all diesen ideologiekritischen Überlegungen dürfen die ursprünglichen Absichten Flauberts und damit die eigentliche „Botschaft“ des Romans nicht aus den Augen verloren oder gar unterschlagen werden. Dies wird gerade in der Frage nach der persönlichen Schuld Emmas an ihrem tragischen Ende deutlich.

Aus der Sicht des Autors lädt Emma persönliche Schuld auf sich, indem sie sich kontinuierlich weigert, ihre romantischen Illusionen aufzugeben, obwohl sie sie als solche erkannt hat. Dies wird spätestens zu Beginn des 3. Teils deutlich, als Emma zweimal über die plump-verlogenen *idées reçues* lächeln muß, die der Möchtegern-Casanova Léon bei seinem Liebeswerben einsetzt. Und doch läßt sie sich schließlich von der Illusion einfangen, begibt sich bewußt zurück in die *bêtise bourgeoise*. Flaubert läßt Emma in letzter Konsequenz an ihrer Vergiftung durch die romantischen Romane sterben: nicht zufällig hat sie nach der Einnahme des Arsens einen widerlichen Tintengeschmack im Mund.

Emmas „Schuld": die «bêtise bourgeoise»

Flaubert scheint gezielt der absehbaren Identifikation seiner Leser(inne)n mit Emma entgegenzusteuern und zur (selbst)kritischen Distanz aufzufordern. Selbst die deutlich erkennbare Aversion Flauberts für Emmas Gegenspieler und deren Methoden bedeutet so nicht zwangsläufig eine Aufwertung oder gar eine offene Sympathie für seine Heldin.

Identifikation und kritische Distanz

8. Der Roman als „groteske Tragödie"

Nur die persönliche Schuld Emmas – zu denen sich ihre finanziellen Schulden gesellen – erhellt den Sinn der rätselhaften Worte des Arztes Larivière, der kurz vor ihrem Tod herbeieilt und die Ausweglosigkeit der Situation erkennend murmelt: *C'est bien, c'est bien*. Es ist gut so, das tragische Schicksal, ausgelöst durch den „Fehlgriff" der Heldin, nimmt seinen Lauf. Selbst der deutlich als fast göttliche Erscheinung geschilderte Larivière kann deshalb nichts mehr bewirken.

«C'est bien, c'est bien»

Ausgerechnet am schrecklichen Ende von Emmas „Tragödie" spielt Flaubert unübersehbar auf Molières Komödie *Le Malade imaginaire* an: Während Emma sich im Todeskampf windet, nutzen die Bürger Yonvilles die Anwesenheit des berühmten Arztes aus, indem sie als eingebildete Kranke an ihm vorbeidefilieren und Heilung für ihre Wehwehchen er-

Die Fratze des Grotesken

hoffen. Dieser letzte Hieb könnte Victor Hugo gelten, dem „Papst“ der französischen Romantik, der 1827 in der *Préface de Cromwell* die Vereinigung von *le grotesque et le sublime* gefordert hatte. An das Erhabene (*sublime*) kann Flaubert schon längst nicht mehr glauben: bei ihm erscheint selbst das Tragische noch zur grotesken Fratze der *bêtise bourgeoise* verzerrt.

Larivière als Selbstbildnis Flauberts

In Larivière hat Flaubert offenbar ein Idealbild seiner selbst gezeichnet: ein trotz aller Titel und Verdienste schlichter, redlicher, bei aller Nüchternheit und Überlegenheit mitfühlender Mann, der über und doch in der Welt steht, *en pratiquant la vertu sans y croire*. Auch Flaubert hatte den Glauben an Ideale aufgegeben – und doch versucht, nach ihnen zu handeln.

9. Versuch eines Fazits

Flaubert als „dummer Bourgeois“?

Insofern ist – bei allen zutreffenden Vorwürfen – Sartres vernichtendes Urteil in *L'Idiot de la famille* abzumildern: Tatsächlich war Flaubert selbst nicht frei von jener *bêtise bourgeoise*, die er so vehement angriff. Auch steht sein Haß auf den platten, weil utilitaristischen und kunstfeindlichen Bourgeois ganz in jener romantischen Tradition, die er als eines der Grundübel seiner Zeit bekämpfte.

Das politische Umfeld

Doch gerade diese Zeit ist es, die Flaubert wenn nicht freispricht, so doch entschuldigt: Die Juli-Monarchie 1830–1848 mit ihrer Politik des *juste milieu* und der Devise *Enrichissez-vous!*, die beiden niedergeschlagenen Revolutionen im Februar und Juni 1848 und schließlich die Herrschaft von Napoleon III. im Second Empire. Jene politische, intellektuelle, künstlerische Plattheit in seinen Werken unerbittlich bloßgelegt und gebrandmarkt zu haben, ist nicht gerade ein kleines Verdienst.

Aktualität der «Madame Bovary»: Chabrols Verfilmung

Hinzu kommt, daß die Thematik von *Madame Bovary* auch nach über 100 Jahren noch brisant ist. Nicht von ungefähr hat sich nun auch Claude Chabrol seinen lebenslangen Wunsch erfüllt und „seine“

Madame Bovary mit Isabelle Huppert verfilmt. Selbst wenn hierzu – wie immer bei Literaturverfilmungen – prinzipielle Bedenken und Einwände im Detail geäußert wurden, so sollte man mit Michel Butor den Film als Bereicherung ansehen: *er wird zu einer Neuentdeckung des Romans, zur Lektüre, zum Vergleich, zur Diskussion anregen.* Und die dürften noch das wirksamste Mittel gegen unsere *bêtise bourgeoise* sein.

L'auteur et son œuvre

Un enfant pessimiste

Gustave Flaubert naît le 12 décembre 1821 à Rouen. L'attitude pessimiste qu'avait Gustave depuis son enfance s'expliquerait selon sa *Correspondance* par le fait que son père travaillait comme chirurgien à l'hôpital de Rouen:

> Je n'ai jamais vu un enfant sans penser qu'il deviendrait vieillard, ni un berceau sans songer à une tombe. La contemplation d'une femme nue me fait rêver à son squelette.

La folie romantique

Cette attitude peu enfantine fut encore accentuée par l'influence romantique de l'époque. Gustave et ses camarades du lycée tournaient *entre la folie et le suicide*, afin de chasser un ennui insupportable. Les deux premières œuvres littéraires de Gustave, écrites à l'âge de 15 et 21 ans, en sont profondément imprégnées: *Mémoires d'un fou* (1836) et *Novembre* (1842). Dans *Novembre*, on trouve cette phrase d'une extrême exaltation de soi-même:

> [. . .] je tombais anéanti dans un abîme de douleurs, le sang me fouettait la figure, mes artères m'étourdissaient, ma poitrine semblait rompre, je ne voyais plus rien, je ne sentais plus rien, j'étais ivre, j'étais fou.

C'est l'état d'esprit de la génération née au lendemain de la chute de l'Empire, avec ses vagues désirs d'exotisme, son ennui, son désespoir, provoqués par le retour au pouvoir des „vieux" pendant la Restauration et l'impossibilité de réussir à l'image du grand Napoléon Bonaparte. Mais, en écrivant, Flaubert réussit à surpasser sa „crise romantique". Dès lors, c'est l'art qu'il considère comme le seul moyen capable de comprendre et de décrire le monde et de supporter la vie sous le régime bourgeois.

La première éducation littéraire et sentimentale

En janvier 1844, Flaubert est atteint d'une maladie de nerfs et doit abandonner ses études de droit à Paris qu'il a commencées en 1840 avec peu d'enthou-

siasme. Il se rend à Croisset, tout près de Rouen, où son père vient d'acheter une maison. En 1845, Flaubert achève son premier roman, *L'Education sentimentale*, qui s'inspire de sa passion secrète pour Elise Schlesinger, épouse d'un éditeur de musique.
Malgré son ton à la fois anti-romantique et anti-bourgeois, la première version de ce roman montre encore peu d'originalité. C'est l'histoire d'Henry Gosselin, un jeune provincial qui se rend à Paris pour ses études de droit. Au lieu de suivre les conseils de sa mère et de s'engager *au travail, à la bonne conduite et à l'économie*, Henry se révolte contre son milieu: il tombe amoureux de Mme Emilie Renaud et s'enfuit avec elle aux Etats-Unis. Mais leur espoir de liberté, de richesse et d'un *bonheur plus vaste* n'est qu'un rêve romantique. Après une désillusion totale, ils retournent à Paris. Henry quitte son amante et prépare son ascension dans la vie bourgeoise: grâce à son désir de réussir et moyennant *un riche, un puissant, un superbe mariage*, il deviendra député. Son ami Jules, par contre, se détourne de sa vision romantique de la vie et de l'art en choisissant l'existence modeste d'un *grave et grand artiste*: il rêve d'une littérature anti-bourgeoise, à la fois autonome et élitaire (*l'art pour l'art*), et part pour l'Orient.

Le triomphe de l'«ermite de Croisset»: «Madame Bovary»

Après la mort de son père et de sa sœur Caroline en 1846, Flaubert consacre toute son énergie à la littérature. Après trois ans de vie laborieuse et retirée, l'«ermite de Croisset» finit la première version de *la Tentation de Saint-Antoine*. Après lecture, ses amis intimes Maxime du Camp et Louis Bouilhet lui conseillent de le jeter au feu et de ne plus jamais en parler:

> Du moment que tu as une invincible tendance au lyrisme, il te faut choisir un sujet où le lyrisme serait si ridicule que tu seras forcé d'y renoncer. Prends un sujet terre à terre, un de ces incidents dont la vie bourgeoise est pleine, et astreins-toi à le traiter sur un ton naturel.

Profondément déçu, Flaubert part en voyage au Proche-Orient. De retour à Croisset en 1851, il envisage un nouveau roman sur la base de l'«affaire Dela-

mare», l'histoire d'une femme adultère qui finit par se suicider. Et effectivement, de ce fait divers naîtra, après un travail acharné et douloureux de 55 mois, *Madame Bovary* (1857). Dès sa parution en 1857, le roman est considéré comme „apologie de l'adultère", pendant que son auteur, lui, se voit accusé d'immoralité. L'acquittement de Flaubert dans ce procès retentissant augmente sa célébrité et son succès.
Par la suite, Flaubert publie un roman historique, *Salammbô* (1862), qui s'inspire de son voyage en Orient.

Contre la «bêtise bourgeoise»

Sept ans plus tard, en 1869, Flaubert termine la seconde version de *L'Education sentimentale*, qui, à l'époque, sera un échec complet. C'est l'histoire de Frédéric Moreau, qui tente sa chance à Paris. Mais sa faiblesse et sa médiocrité le vouent à un échec lamentable sur tous les plans. Frédéric se perd dans une liaison sans avenir avec Mme Arnoux, se lie avec la courtisane Rosanette et sera humilié par la riche Mme Dambreuse. A la fin, la désillusion et l'échec sont complets: Frédéric et son ami Deslauriers accusent *le hasard, les circonstances, l'époque où ils étaient nés*. Mais en vérité, ils ont gaspillé leur temps d'une façon ridicule et raté le rendez-vous avec l'histoire, les révolutions de février et de juin 1848.
Ruiné par la guerre de 1870/1871 et les problèmes financiers de sa nièce, Flaubert s'attaque dès 1873 à ce qu'il appelle dédaigneusement la *bêtise bourgeoise*: dans *Bouvard et Pécuchet*, il dénonce les idées reçues de cette classe dont il fait pourtant partie, mais qu'il accuse surtout d'avoir abaissé l'art à l'état de marchandise.

Le maître des naturalistes

En 1874, il publie la nouvelle version de *La Tentation de Saint Antoine*, où il dépeint l'idéal d'une vie solitaire et sainte. Trois ans plus tard paraissent les *Trois contes*: *La Légende de Saint Julien l'Hospitalier*, *Un cœur simple* et *Hérodias*.
Bien qu'il perde presque tous ses amis dans les années qui suivent, Flaubert ne désespère pas complètement: les jeunes écrivains de la nouvelle école dite «naturaliste», Emile Zola, Alphonse Daudet, Joris-Karl Huysmans et surtout Guy de Maupassant, le reconnaissent comme un maître et précurseur. Gustave Flaubert meurt le 8 mai 1880.

Personnages – lieux – action

I — **Charles Bovary** · *Rouen* · *Tostes* · **Héloïse Dubuc** · **Emma Rouault** · **le père Rouault** · *le château de la Vaubyessard*

Le petit Charles Bovary entre au collège de *Rouen*. A cause de sa médiocrité, il ne devient qu'officier de santé et s'installe dans le petit village de *Tostes*. Après la mort de sa première femme, Héloïse Dubuc, veuve laide et despote, il se remarie avec Emma Rouault, romantique et sentimentale, fille d'un fermier aisé (le père Rouault). Souffrant de sa vie banale après un bal au château de la *Vaubyessard*, elle tombe dans une névrose dépressive.

II — *Yonville-l'Abbaye* · **Homais** · **Bournisien** · **Lheureux** · **Berthe** · **la mère Rollet** · **Léon Dupuis** · **Rodolphe Boulanger** · *le château de la Huchette*

Le couple déménage à *Yonville-l'Abbaye*, où Emma compte mener enfin une vie à l'image de ses rêves romanesques. Elle fait la connaissance de l'apothicaire vaniteux et anticlérical Homais, de son „rival" l'abbé Bournisien et de Lheureux, marchand d'étoffes et usurier habile. Emma accouche d'une fille, Berthe et la donne en nourrice à la mère Rollet. Un jeune clerc timide, Léon Dupuis, s'éprend d'elle, mais leur amour reste platonique. Emma se laisse séduire par Rodolphe Boulanger, un coureur de jupons, hobereau du château de la *Huchette*, mais finit par l'abandonner. Déçue par la médiocrité de son mari, qui ne réussit pas l'opération d'un pied bot, Emma renoue avec Rodolphe. Comme celui-ci refuse de s'enfuir et rompt avec elle, Emma retombe dans la crise.

III

Au théâtre de *Rouen*, elle revoit Léon et se perd dans un amour sensuel passionné, pourtant vite consumé. N'arrivant plus à rembourser Lheureux, chez qui elle s'était endettée pour mener une vie luxueuse, elle se suicide à l'arsenic. Après sa mort, Charles découvre l'adultère de sa femme. Tandis qu'il meurt et que Berthe devient ouvrière, Homais reçoit la croix d'honneur.

Les autres personnages se trouvent tous à Yonville-l'Abbaye, petit bourg situé à une trentaine de kilomètres de Rouen:

percepteur, ancien carabinier; fabrique inlassablement des ronds de serviette sur son tour — **Binet**

les bonnes d'Emma à Yonville (et à Tostes) — **Félicité (et Nastasie)**

Hivert	conducteur de la diligence *l'Hirondelle*
Justin	élève en pharmacie et domestique chez Homais
Mme Lefrançois	patronne de l'auberge du *Lion d'Or*
Lestiboudois	bedeau à l'église, gardien du cimetière et fossoyeur
le docteur Canivet **le docteur Larivière**	chirurgien qui intervient à l'opération du pied bot et – avec le docteur Larivière – à la mort d'Emma.
les parents de Charles **Tuvache** **Guillaumin** **les enfants de Homais**	Sont mentionnés encore les parents de Charles, Mme Bovary mère et M. Bovary père, ainsi que Tuvache, le maire d'Yonville, le notaire, maître Guillaumin et les enfants de M. et Mme Homais: Napoléon, Athalie, Irma, Franklin.

Sommaire de «Madame Bovary»

Première partie

Arrivée ridicule d'un nouvel élève au collège de Rouen: Charles Bovary. Médiocre, il devient avec peine officier de santé. Sa mère dominatrice l'installe à Tostes et l'oblige à épouser une veuve. Lors d'une intervention médicale, Charles s'éprend d'Emma Rouault, fille d'un fermier aisé. Veuf, il la demande en mariage. Bientôt, le bonheur naïf de Charles tranche avec les désillusions de sa nouvelle épouse dues à ses lectures sentimentales. Un bal au château de la Vaubyessard ouvre à celle-ci un univers conforme à ses rêves. Le retour amer à la vie quotidienne la précipite dans une crise dépressive. Pour l'en sortir, Charles accepte de s'établir à Yonville-l'Abbaye.

Deuxième partie

A son arrivée à Yonville, le couple est accueilli par un jeune clerc, Léon Dupuis, et le pharmacien Homais. Après la naissance de sa fille Berthe, Emma recule devant l'amour timide de Léon. Elle a recours à la religion, mais l'abbé Bournisien, auprès duquel elle cherche un réconfort, ne la comprend pas. Léon capitule et quitte Yonville laissant Emma dans un profond désespoir. Rodolphe Boulanger, un châtelain, profitant de son désarroi, la séduit le jour des Comices agricoles. Lors d'une promenade à cheval, elle devient sa maîtresse. La dernière tentative d'Emma pour se rapprocher de son mari se solde par un échec: la médiocrité de Charles est confirmée par l'opération manquée d'un pied bot. Emma, pleine de mépris, se retourne vers son amant et lui demande de l'enlever. Mais, par une lettre de rupture, Rodolphe déclenche en Emma une maladie grave. Après sa convalescence, Charles l'emmène à l'opéra de Rouen où elle revoit Léon.

Troisième partie

Après leur rendez-vous à la cathédrale, Emma se donne à lui. Lors de ses escapades à Rouen, où elle rejoint son amant, Emma s'endette de plus en plus. Menacée de saisie, Emma recherche une aide financière auprès de Léon, puis de Rodolphe. Elle n'essuie que refus et alors, au bord du gouffre, elle s'empoisonne. Après sa mort, Charles découvre les infidélités de sa femme et, désespéré, se laisse mourir. Berthe deviendra par la suite ouvrière tandis que Homais triomphera en bourgeois arrivé.

Le roman: résumés et analyses

Avertissement:
Toutes les citations de *Madame Bovary* apparaissent en *italique* ou sont en retrait. Les mots que Flaubert a mis en italique dans *Madame Bovary* apparaissent en *italique* et sont mis entre guillemets: «*italique*».

(Pour l'emploi de l'italique chez Flaubert voir p. 120.)

Le titre: «Madame Bovary. Mœurs de province»

La condition féminine provinciale au 19e siècle

Comme beaucoup de romans au 19e siècle, le titre dirige l'attention du lecteur – et surtout de la lectrice – vers la condition féminine provinciale, décrite à merveille dans *Eugénie Grandet* de Honoré de Balzac.
Mais le choix significatif du titre renvoie au milieu bourgeois: l'héroïne du roman serait donc une femme bourgeoise mariée (*Madame*). Elle apparaît dans sa fonction sociale: en se mariant, elle abandonne son nom de famille et renonce à son individualité pour devenir épouse et – éventuellement – mère. Elle passe désormais de la tutelle de son père à celle de son mari et dépendra entièrement de lui. On pourrait donc supposer que le conflit du récit est lié aux problèmes de la condition féminine provinciale dans la société bourgeoise du 19e siècle.

Première partie – Chapitre 1

Résumé

Dans le collège de Rouen, le proviseur introduit un nouvel élève dans une classe de cinquième. C'est Charles Bovary, un garçon de la campagne, dont les

manières et le costume lui donnent un air gauche et ridicule. Incapable de comprendre et d'imiter les rites des autres élèves, Charles se fait huer. Bien que le professeur, irrité, lui impose un pensum, Charles se montre docile et sérieux.
Sa mère, déçue par son union avec un homme vaniteux et incapable, a projeté tous ses espoirs sur ce fils unique et l'a mis à l'abri de l'éducation paternelle jugée trop «à la spartiate» et pas assez spirituelle. Mais elle vise trop haut: après un baccalauréat médiocre, Charles commence à Rouen des études de médecine surpassant de loin ses capacités. Rêvant d'une vie à la campagne, Charles néglige ses cours et finit par échouer à l'examen. L'année suivante, grâce à un travail acharné, il est enfin reçu officier de santé. Sa mère l'installe à Tostes et l'oblige à épouser Héloïse Dubuc, une riche veuve qui devient son nouveau maître.

Analyse et commentaire critique

L'entrée de Charles

Le petit Charles est décrit comme *un gars de la campagne habillé en bourgeois*. Mais cet essai d'ascension sociale s'avère ridicule et vain: ce *nouveau* à l'air d'un *chantre de village* est tellement gauche et timide qu'il n'arrive même pas à prononcer son nom correctement et ne sait donc confirmer ni son identité, ni son statut social désiré. Il se sent doublement étranger dans ce nouveau décor bourgeois: d'abord par ses nouveaux vêtements grotesques auxquels il n'est pas *habitué* et qui selon le narrateur devaient le *gêner*, ensuite par ce nouvel entourage hostile dont il ne saisit pas les règles (le *«genre»*). Charles surgit en «guignol malgré lui» qui supporte mal sa mascarade.

La casquette de Charles

Par une description minutieuse de la casquette qui ressemble à un véritable «portrait», le narrateur nous montre tout le dilemme de Charles. *Elle était neuve*, probablement achetée par ses parents en vue de son entrée dans le monde bourgeois de la ville de Rouen. *C'était une de ces coiffures d'ordre composite dont la laideur muette a des profondeurs d'expression comme le visage d'un imbécile.* C'est donc un objet significatif qui en dit long sur la situation sociale et les intentions de ses parents.

Les parents de Charles

Le père de Charles est un raté, un *hâbleur* imbécile, *blasé* et buveur dont tous les projets de se *«faire valoir»* échouent et qui finit par se retirer à la campagne.

Sa mère, romantique au début, désillusionnée par la suite, *tourne du vin en vinaigre* et se réfugie par conséquent dans une révolte muette et stoïque contre *Monsieur* son mari. La naissance de Charles va changer son attitude: *elle reporta sur cette tête d'enfant toutes les vanités éparses, brisées. Elle rêvait de hautes positions, elle le voyait déjà grand, beau, spirituel, établi.*

Charles: l'échec de la médiocrité

Mais Charles, mal éduqué par le curé du village, timide, maladroit, indécis et crispé, se révèle complètement incapable de réaliser ces espoirs. A la moindre relâche, ce sera la catastrophe: quand il se dérobe à la tutelle de sa mère, il ne réussit pas à profiter de sa nouvelle liberté. Il tombe dans le piège de la paresse et échoue *complètement à son examen d'officier de santé*. Ce *sot* ne réussira qu'en apprenant *d'avance toutes les questions par cœur.*

Dans la scène du début, Charles est aussi ridicule que sa casquette. Bien qu'il soit de bonne volonté – *il [...] écouta de toutes ses oreilles, attentif comme au sermon* – il lui manque apparemment la capacité intellectuelle et sociale de réagir convenablement dans un nouveau contexte social. Le narrateur plaint ce *pauvre diable* qui, en tant qu'intrus ridicule, provoque le rire et le mépris des autres élèves.

La casquette symbolise donc la vaine tentative d'un changement du statut social qui, par la suite, s'avérera difficile pour un homme sans qualités particulières.

Un «cheval de manège»

Toute la scène du début renvoie au destin de Charles ainsi qu'à la structure narrative du roman. Il sera un être passif, lourd d'esprit et médiocre qui, malgré sa bonne volonté, est voué dès le début à l'échec. La comparaison avec un *cheval de manège, qui tourne en place les yeux bandés, ignorant de la besogne qu'il broie* l'abaisse à l'état de marionnette.

La mère le lègue à un nouveau maître en le mariant

à une veuve *laide, sèche comme un cotret*. Son premier échec renvoie à tous les autres à venir.

Le narrateur flaubertien: oscillant, distant, ironique

Nous étions à l'étude, quand le Proviseur entra: par sa compassion (*pauvre garçon, pauvre diable*), le narrateur se détache très vite du «nous» communautaire du groupe d'élèves dont il semble faire partie et se place entre Charles, le professeur et le lecteur. En dépit de son rôle de médiateur, le narrateur prend ses distances par rapport aux «autres»: désormais, il va osciller entre les différents personnages du roman. Que ce soit envers le système scolaire (tout le monde dort ou fait semblant de travailler pendant «l'étude») ou envers les «travaux préparatoires» de Charles à son examen d'officier de santé: dès le début, le narrateur ne cache pas son ironie. D'autre part, il procède à une démonstration discrète de sa toute-puissance en tant que créateur d'une histoire: après la scène initiale, il procède à une rétrospective (présentation des parents de Charles et description de son enfance) avant de reprendre le récit assez court de son adolescence, sa formation professionnelle et son mariage. La vie de Charles jusqu'à sa première rencontre avec Emma se résumera en un seul chapitre d'une dizaine de pages contenant tous les détails nécessaires d'une existence médiocre qui ne mérite pas plus d'attention.

A l'encontre du narrateur balzacien

Ce procédé de présentation ou d'«exposition» s'insère dans la tradition balzacienne, qui offre au lecteur la même exactitude d'information sur les coordonnés individuels et sociaux de ses protagonistes:

> Louis Lambert naquit, en 1797, à Montoire, petite ville du Vendômois, où son père exploitait une tannerie de médiocre importance et comptait faire de lui son successeur [. . .]. (Honoré de Balzac, *Louis Lambert*, 1832)

Flaubert: un narrateur discret

Contrairement à Flaubert, le narrateur balzacien est à la fois omniscient, omniprésent et omnipotent: c'est un Dieu dont les interventions – commentaires personnels, exposés techniques, essais économiques ou philosophiques, jugements de valeur etc. – s'adressent directement au lecteur, en essayant de l'influencer ou de créer un pacte d'alliance. Le nous communautaire, solide et permanent, entre le narrateur balzacien et son lecteur s'est transformé en un nous communautaire, fragile et temporaire, entre le narrateur flaubertien et ses personnages. Le lecteur flaubertien se croit moins influencé et donc plus libre.

(Pour le «nous» mystérieux du début et l'entrée du «nouveau» au collège voir aussi pp. 117–120.)

Un lecteur créateur

Force est de constater que le lecteur de Flaubert est à la fois plus indépendant et plus créateur: la description de la casquette, véritable portrait du *visage d'un imbécile*, lui suffira pour avoir une exacte impression des traits physiques de Charles. Là où Balzac aurait brossé un portrait exhaustif, Flaubert garde le silence: c'est au lecteur de remplir ce «blanc» avec son imagination.

Première partie – Chapitre 2

Résumé

La première rencontre entre Charles et sa future épouse n'est pas placée sous un signe romantique: c'est en pleine nuit qu'on vient lui apprendre l'accident du père Rouault, propriétaire de la ferme des Bertaux. Charles s'y rend à contrecœur le lendemain, en traversant un paysage morne et triste. Tout change avec la découverte d'Emma, la fille de son client. Il s'éprend d'elle et retourne fréquemment la voir jusqu'à ce que son épouse Héloïse, jalouse et malveillante, le lui défende. Les choses s'arrangent d'une façon inattendue pour Charles: Héloïse se retrouve ruinée et meurt une semaine plus tard, laissant son mari *perdu dans une rêverie douloureuse*.

Analyse et commentaire critique

Le voyage à la ferme: le défi au romantisme

Aucun détail n'indique la rencontre décisive entre Charles et Emma à la ferme Bertaux. Toute la description du paysage va à l'encontre de la tradition romantique depuis *Les Rêveries du promeneur solitaire* de Jean-Jacques Rousseau, dont la *Seconde Promenade* est un exemple typique:

L'exemple de Rousseau dans les «Rêveries»

> La campagne encore verte et riante, mais défeuillée en partie et déjà presque déserte, offrait partout l'image de la solitude et des approches de l'hiver. Il résultait de son aspect un mélange d'impression douce et triste trop analogue à mon âge et à mon sort pour que je ne m'en fisse pas l'application. Je me voyais au déclin d'une vie innocente et infortunée, l'âme encore pleine de sentiments vivaces et l'esprit encore orné de quelques fleurs, mais déjà flétries par la tristesse et desséchées par les ennuis. Seul et délaissé, je sentais venir le froid des premières glaces [...]. Je me disais en soupirant: qu'ai-je fait ici-bas? J'étais fait pour vivre, et je meurs sans avoir vécu.

Rousseau projette ses sentiments de solitude, de tristesse et de mort dans la nature qui les lui renvoie en tant que miroir et moyen de médiation. Le narrateur romantique finit par confondre son état d'âme avec le paysage environnant.

La destruction du modèle romantique dans «Madame Bovary»

Le regard et l'attitude de Charles Bovary sont tout à fait différents. Tout d'abord, Charles n'est pas cet homme à l'allure romantique, lucide et exceptionnel, mais plutôt un sot, un médiocre. Parti tôt le matin sous la pluie, et avançant *au trot pacifique*, il n'est pas pressé d'arriver à la ferme des Bertaux où il craint d'avoir à soigner une fracture trop compliquée. Il note avec une insensibilité complète des oiseaux *immobiles au vent froid*, et des couleurs très sombres (*taches d'un violet noir, surface grise, ton morne du ciel*). Fatigué et somnolent, il sombre *dans une sorte d'assoupissement*, dans lequel se confondent *l'odeur chaude des cataplasmes* dans *une salle d'opérés* avec *la verte odeur de la rosée*. Aux yeux d'un lecteur romantique, cette confusion entre la nature et l'ambiance dégoûtante d'un hôpital est insupportable. (Pour la fonction de la description chez Flaubert voir p. 48, 82, 94, 103, 105.)

Emma Rouault: une «demoiselle de ville» à la campagne

Emma entre en scène comme par hasard, sans avertissement de la part du narrateur. Emma qui se montre maladroite aux travaux domestiques – elle se pique les doigts en cousant –, semble souffrir de son existence à la campagne. Ayant reçu *«une belle éducation»* au couvent des Ursulines, elle connaît *la danse, la géographie, le dessin,* elle sait *faire de la tapisserie et toucher du piano.* Son père, *un cultivateur des plus aisés* avec *une ferme de bonne apparence* lui permet de jouer à la *demoiselle de ville.* En fait, Charles s'étonne de ses *ongles brillants, fins du bout, plus nettoyés que les ivoires de Dieppe et taillés en amande.* Mais en même temps, il trouve sa main *pas belle, point assez pâle, un peu sèche aux phalanges* et *trop longue.* Selon Héloïse tout espoir d'un changement du statut social serait dérisoire: elle se moque des origines modestes des Rouault et de leur volonté de réussir par le biais d'*un bel esprit* en *robe de soie, comme une comtesse.*

La sensualité d'Emma

La jalousie d'Héloïse est justifiée: dès leur première rencontre, où Charles effleure involontairement le dos d'Emma, *courbée sous lui,* la tension sensuelle entre les deux saute aux yeux. Bien que les cheveux d'Emma, lisses, *séparés sur le milieu de la tête par une raie fine,* soient un indice de chasteté, les *petits cheveux follets,* renvoient à une sensualité mal contenue qu'on peut découvrir également dans *ses lèvres charnues qu'elle avait coutume de mordillonner* ainsi que dans ses beaux yeux noirs dont le regard est d'*une hardiesse candide.* Le lorgnon d'écaille, qu'Emma porte *comme un homme,* pourrait exercer sur Charles une certaine fascination puisqu'il a l'habitude d'être dominé.

Charles et le bonheur défendu

Charles connaît enfin le bonheur et l'amour en se perdant dans le charme de la ferme des Bertaux (Flaubert emploie quatre fois de suite la tournure «il aimait»). Il se lève de bonne heure, met son gilet neuf et part *au galop* pour revenir *épanoui.* En fait, la révolte muette de Charles contre sa mère et son épouse se nourrit de *la hardiesse de son désir,* et il estime *que cette défense de la voir était pour lui comme un droit de l'aimer.*

Dès ses rencontres fréquentes avec Emma, Charles s'aperçoit de la laideur de son épouse *maigre,* aux *dents longues,* à la *taille dure* et habillée de *robes trop courtes.* Il va encore plus loin: considérant Héloïse comme une *veuve,* il ne se sent plus engagé par le mariage infligé jadis par sa mère tyrannique.

Mais pourtant, las des discussions, Charles s'incline et cesse de retourner aux Bertaux.

La mort d'Héloïse: la technique du «blanc»

La ruine financière portera un coup mortel à Héloïse. Flaubert a de nouveau choisi de laisser un «blanc» là, où ses précurseurs auraient procédé à une description minutieuse. C'est au lecteur de combler ce vide qui renvoie en même temps au caractère de Charles: celui-ci apparaît toujours comme un être passif et inconscient, qui réagit avec *étonnement* à la mort de sa femme et se perd dans une courte rêverie mélancolique dont on n'apprend rien de précis. Cette douleur affichée est comme un réflexe grotesque aux impératifs sociaux et sentimentaux: *Elle l'avait aimé, après tout.* L'extrême rapidité avec laquelle sont racontées la mort ainsi que les funérailles d'Héloïse démontre l'insignifiance de ce personnage.

Première partie – Chapitre 3

Résumé

Le père Rouault, veuf lui aussi, essaye de consoler Charles en l'invitant aux Bertaux. Celui-ci, profitant de sa nouvelle indépendance, reprend ses anciennes habitudes et se rend fréquemment à la ferme d'Emma qui lui confie son profond mal de vivre. Mais Charles est trop timide pour se déclarer. Rouault devine son embarras et, favorable aux intentions de son «sauveur», s'arrange pour lui faciliter la demande en mariage. Emma accepte, mais doit se contenter d'une noce campagnarde ordinaire.

Analyse et commentaire critique

Une rencontre de mauvais augure

Ce chapitre qui se terminera avec le projet d'un mariage, commence avec une évocation intense de la mort. Le père Rouault recourt à des images très choquantes (*les taupes [...] qui avaient des vers leur*

grouillant dans le ventre) pour décrire son deuil après le décès de sa femme.
Flaubert peint une scène symbolique pour l'amour naissant entre Emma et Charles, qui sera considéré comme signe prémonitoire de leur destin fatal. Tout le décor diffère de l'image romantique d'une rencontre amoureuse. En entrant dans la cuisine de la ferme, Charles aperçoit des mouches qui se noient au fond de verres sales, des *cendres froides* dans la cheminée ainsi qu'*un peu de poussière sur les dalles*. Sur les épaules nues d'Emma, il découvre *de petites gouttes de sueur* dues à la chaleur d'été. Dans le silence réciproque, Charles entend *le battement intérieur de sa tête*, auquel se mêle non pas le chant mélodieux et romantique d'un oiseau mais, plein de banalité campagnarde, *le cri d'une poule, au loin, qui pondait dans les cours.*

Emma: l'ennui d'une vie à la campagne

Emma, seule, en train de repriser dans la cuisine aux auvents fermés, ressemble presqu'à une séquestrée.
Elle plaint sa mère défunte en même temps qu'elle regrette son existence à la ferme qui ressemble un peu à la mort: son *regard noyé d'ennui* rappelle curieusement l'image des mouches noyées dans les verres de cidre. Le petit verre de curaçao dont Emma, la tête renversée, va essayer de lécher le fond à petits coups est de valeur symbolique: Emma n'assouvira jamais ses désirs sensuels.
L'ambiguïté d'Emma se reflète également dans son comportement typiquement bourgeois envers les domestiques. Elle se plaint du jardinier avec une phrase qui aurait pu facilement figurer dans le *Dictionnaire des idées reçues*: *on était si mal servi!*

Charles: «le vide face au vide»

C'est donc après cinq mois seulement que Charles, sur l'initiative du père Rouault, revient aux Bertaux. Malgré tous ses efforts, Charles ne parvient pas à cerner la nature d'Emma dont l'insaisissable malaise face à la vie ennuyeuse loin de la ville lui reste incompréhensible. Manquant d'imagination, il n'arrive pas à se faire une idée de l'*existence qu'elle avait vécu dans le temps qu'il ne la connaissait pas encore. Mais jamais il ne put la voir, en sa pensée, différemment qu'il ne l'avait vue la première fois, ou telle qu'il venait de la quitter tout à l'heure.* Par

conséquent, Charles ne saura ni *compléter le sens*, ni combler ce vide, ce «blanc» dans la vie d'Emma.
De même qu'il a été incapable de prononcer son nom devant la classe ou de défendre Héloïse contre ses parents (*Charles voulut parler pour elle*), Charles ne réussit pas à formuler sa demande en mariage: il murmure, se tait, balbutie et laisse la parole au père Rouault, qui *rumina d'avance toute l'affaire* comme jadis Mme Bovary mère.

Première partie – Chapitre 4

Résumé

Afin de célébrer une noce campagnarde prétentieuse, le père Rouault n'hésite pas à inviter tous les parents et amis de la région qui se présentent dans leurs vêtements ridicules le jour de la fête. Après les cérémonies à la mairie et à l'église, le cortège revient à la ferme où commence un festin somptueux au menu copieux et gras.
Le lendemain de la nuit de noces, Charles est joyeux. Emma, par contre, se montre réservée. Les deux époux partent pour Tostes, tandis que Rouault se perd dans des souvenirs tristes.

Analyse et commentaire critique

L'image grotesque du monde rural

L'arrivée des invités donne le ton de ce chapitre: d'une façon caricaturale et grotesque, Flaubert nous décrit le monde rural comme à la fois prétentieux et médiocre. Les voitures sont à l'image des paysans: des *carrioles à un cheval*, jusqu'aux charrettes ordinaires en passant par de *vieux cabriolets sans capotes* renvoient à un monde uniforme (*Tout le monde était tondu à neuf, les oreilles s'écartaient des têtes, on était rasé de près*). Pourtant, la hiérarchie sociale se laisse deviner facilement par la disparité des habits, *sortis de l'armoire que pour les solennités*, et allant des *robes à la façon de la ville* jusqu'aux simples *blouses de cérémonie*. C'est par l'âpreté de leurs appétits et par leur goût pour les repas gras que tous ces convives, avec leurs *grosses faces blanches épanouies*, se ressemblent.

La pièce montée

L'admiration béate pour la pièce montée faite par un épicier prétentieux, sur laquelle trône un petit Amour, les lourdes plaisanteries des convives ainsi que leurs gaillardises à l'égard des nouveaux époux, tout contribue à transformer cette image des provinciaux en caricature mordante.

Cette allégorie banale de l'Amour sur un gâteau prétentieux, fait pour impressionner, est tout aussi symbolique que le violon discordant du ménétrier en tête du cortège nuptial. *Le bruit de l'instrument faisait partir de loin les petits oiseaux*: l'échec de l'union est proche.

Charles et Emma: la dissonance

Par des signes discrets, le texte laisse supposer une dissonance sexuelle entre les nouveaux époux: l'épanouissement de Charles contraste vivement avec la réserve et l'impassibilité de *la mariée* qui, après la nuit de noces, *ne laissait rien découvrir où l'on pût deviner quelque chose.*

Emma semble reculer devant les exigences trop charnelles de son nouveau maître, qui ne correspond en rien à son image de l'amour idéal. Mais cette réticence muette d'Emma pourrait provenir aussi du fait qu'elle nous est présentée comme *mariée*, c'est-à-dire comme une femme qui „a été mariée". Elle a subi un acte de domination et „appartient" désormais à son mari: *M. et Mme Charles arrivèrent à Tostes vers six heures. Les voisins se mirent aux fenêtres pour voir la nouvelle femme de leur médecin.*

Première partie – Chapitre 5

Résumé

Emma s'installe dans la maison de Tostes. Elle y découvre un monde tout à fait banal et prosaïque: entre autres, un mobilier d'un goût prétentieux, un curé de plâtre au milieu d'un jardin étroit et une chambre conjugale où son mari a oublié d'enlever le bouquet de mariée *de l'autre*. Charles, *le cœur plein des félicités de la nuit, l'esprit tranquille, la chair contente* est ravi de posséder *cette jolie femme qu'il adorait*, alors que celle-ci se rend compte qu'elle avait espéré trouver un bonheur différent, celui décrit dans les romans lyriques de sa jeunesse.

Analyse et commentaire critique

La maison de Tostes

Emma reste tout à fait étrangère à son nouveau domicile dont elle enregistre presque automatiquement et sans émotion tout le mobilier qui, par la disparité de sa composition, ressemble à un bric-à-brac d'un goût douteux.

Les tomes aux pages non coupées du *Dictionnaire des sciences médicales*, qu'Emma trouve dans le cabinet étroit de son mari, renvoient de nouveau à la médiocrité professionnelle de Charles.

Le bonheur naïf et sensuel de Charles

Charles, *heureux et sans souci de rien au monde*, découvre la beauté de sa femme et se perd dans la profondeur de ses yeux énigmatiques. Après tant d'humiliation dans sa vie antérieure, après *quatorze mois avec la veuve, dont les pieds, dans le lit, étaient froids comme des glaçons*, il croit enfin avoir trouvé le bonheur en „acquérant" cet objet précieux, Emma: *il possédait pour la vie cette jolie femme qu'il adorait*. Mais les images de cette parfaite harmonie ne sont qu'un leurre. L'épanouissement physique de Charles (*le cœur plein des félicités de la nuit; la chair contente*) entraîne une indifférence aveugle sur le plan psychique. Charles, que le narrateur compare à *ceux qui mâchent encore, après dîner, le goût des truffes qu'ils digèrent*, ne réalise pas les exigences d'Emma dans le domaine spirituel.

Emma: à la recherche de la félicité, de la passion et de l'ivresse

Emma repousse toutes ses avances *à demi souriante et ennuyée, comme on fait à un enfant qui se pend après vous*. Elle n'accepte pas de s'abaisser à l'état d'un objet précieux dont son mari aurait droit de jouir. Bien qu'elle semble se complaire dans certaines attitudes romanesques, le lecteur peut remarquer des dissonances: elle reste accoudée à la fenêtre entre deux pots de géraniums *tout en arrachant avec sa bouche quelque bribe de fleur ou de verdure qu'elle soufflait vers lui*. Emma commence à réaliser que la conception du bonheur, décrit dans les livres comme *félicité*, *passion* et *ivresse,* se heurte douloureusement à la réalité.

Première partie – Chapitre 6

Résumé

Emma a passé son adolescence au couvent des Ursulines, où elle s'est assoupie *doucement à la langueur mystique* de la vie pieuse. Ayant lu en cachette d'innombrables œuvres romanesques, elle a pris la *lamentation sonore des mélancolies romantiques*, l'*attirante fantasmagorie* sentimentale pour l'image réelle de la vie. A la mort de sa mère, Emma se complaît dans des sentiments purement artificiels: par attachement à son idéal romantique, elle observe toutes les règles de deuil sans conviction. Après son mariage, elle réalise son erreur: Charles n'est pas un *cavalier à plume blanche* qui lui offrira *cette passion merveilleuse* tant espérée.

Analyse et commentaire critique

Emma en proie aux illusions romantiques

Emma ressemble de plus en plus à une femme petite-bourgeoise, ayant une vision du monde purement romantique, produite par la lecture et qui sera désillusionée cruellement par la médiocrité de la réalité. En effet, le narrateur ne cache pas son opinion en nous plongeant dans une satire mordante. Après avoir critiqué la lecture religieuse, il s'en prend avec toute sa verve à la littérature romantique pleine de lieux communs, d'idées reçues, d'artifices et de faux-semblants:

La littérature romantique

> *Ce n'était qu'amours, amants, amantes, dames persécutées s'évanouissant dans des pavillons solitaires, postillons qu'on tue à tous les relais, chevaux qu'on crève à toutes les pages, forêts sombres, troubles du cœur, serments, sanglots, larmes et baisers, nacelles au clair de lune, rossignols dans les bosquets, «messieurs» braves comme des lions, doux*

comme des agneaux, vertueux comme on ne l'est pas, toujours bien mis, et qui pleurent comme des urnes.

Une référence ironique: le roman historique de Walter Scott

Viennent ensuite les romances avec leurs *petits anges aux ailes d'or, de madones, de lagunes, de gondoliers.* Puis, Emma découvre l'oeuvre de l'Anglais Walter Scott. Dans *Bouvard et Pécuchet*, Flaubert a décrit la trame narrative typique de ses romans historiques qui pourrait avoir servi comme point de référence ironique dans *Madame Bovary*:

> L'héroïne, ordinairement, vit à la campagne avec son père, et l'amoureux, un enfant volé, est rétabli dans ses droits et triomphe de ses rivaux.

Mais Emma a beau attendre: Charles n'est qu'un médiocre. Le narrateur nous la dépeint comme lectrice naïve, éblouie, sans aucun esprit critique, ressemblant en ceci fort à Don Quichotte. Mais celui-ci, bien que victime de sa foi dans les romans de chevalerie, finira par guérir de sa folie (*locura*) et mourra paisiblement dans son lit. Emma, par contre, ne saura pas s'arranger avec le monde.

Première partie – Chapitre 7

Résumé

Au lendemain de son mariage, Emma est en proie à un *insaisissable malaise*: au lieu d'une lune de miel dans un chalet suisse ou un cottage écossais, avec un mari à l'image des amants de ses romans, elle se réveille dans la triste maison de Tostes, où Charles, plat et inconscient du désenchantement d'Emma, se complaît dans une *pesanteur sereine*. Pour échapper à l'ennui, Emma, isolée et frustrée, part régulièrement dans la campagne, en rêvant à son enfance et à une vie différente, avec *un autre homme beau, spirituel, distingué et attirant* de la ville. Un jour, le marquis d'Andervilliers l'invite au château de la Vaubyessard.

Analyse et commentaire critique

La médiocrité de Charles

Selon Emma, Charles aurait pu éviter la tragédie, si seulement *son regard, une seule fois, fût venu à la rencontre de sa pensée*. Mais Charles ne devine toujours pas le malaise grandissant de sa femme. Possédant une épouse qui sait *conduire sa maison* et qui lui sert de bons repas même tard dans la nuit, il est plein d'orgueil et tout satisfait de lui-même. Modeste d'esprit (*il n'avait jamais été curieux*), se figeant dans des habitudes (*il se couchait sur le dos et ronflait*; *il l'embrassait à de certaines heures*), il se perd dans les rouages de la médiocrité: *La conversation de Charles était plate comme un trottoir de rue, et les idées de tout le monde y défilaient, dans leur costume ordinaire.*

L'idéal d'Emma

A cette vie trop ordinaire, immobile, pleine d'ennui et sans émotions, Emma oppose l'image idéale d'une existence romanesque, animée par un homme universel, raffiné, énergique, sachant *nager, faire des armes* et *tirer le pistolet*. Mais Charles, qu'Emma désigne dédaigneusement par *celui-là*, et qui aime *sa maman* comme un enfant, ne correspond en rien à cet idéal.

Emma: à la recherche d'un monde artificiel

Cependant, le narrateur s'en prend également à Emma, dont il ridiculise les efforts artificiels pour *se donner de l'amour*: au clair de la lune, dans le jardin, elle récite des rimes passionnées et chante en soupirant des adagios mélancoliques. A mesure que Charles ne réussit pas à comprendre les aspirations secrètes de son épouse, Emma, *incapable de comprendre ce qu'elle n'éprouvait pas*, ne parvient pas à se donner un air romantique naturel.

Se sentant prise au piège et même emprisonnée par son mariage (*Pourquoi, mon Dieu, me suis-je mariée?*), Emma essaie de s'enfuir dans la campagne qu'elle, en tant que fille de paysan, détestait jusque-là, mais où elle croit encore trouver un divertissement. Mais tout comme sa levrette, elle tourne en rond et s'exaspère de l'immobilisme total de la nature rurale, à laquelle elle oppose la vie passionnante de la ville.

L'invitation au château

Pour évoquer cette image figée de l'existence et décrire les habitudes ennuyeuses conduisant à un immobilisme total, Flaubert s'est servi amplement de l'imparfait, dans lequel se noient tous les essais d'évasion décrits au passé simple. Le chapitre se termine dans l'espoir d'un événement inattendu aux aspects presque miraculeux: Emma se fait remarquer et inviter par le marquis d'Andervilliers au château de la Vaubyessard. Sans mentionner aucune réaction d'Emma, le narrateur dirige l'attente du lecteur par une simple description des faits: elle va enfin pouvoir entrer dans l'univers de ses rêves, dont les *lampions dans le parc* semblent rallumer symboliquement un espoir presque abandonné.

Première partie – Chapitre 8

Résumé

C'est au château de la Vaubyessard qu'Emma découvre enfin un monde à la mesure de ses rêves et de ses désirs romanesques. Elle se laisse éblouir par la vie luxueuse de l'aristocratie, sans apercevoir les signes de sa décadence. Au bal, elle valse avec un vicomte séduisant et éprouve une torpeur sensuelle. Après leur retour morose à Tostes, Emma doit reprendre sa vie ordinaire qui finit par lui devenir insupportable. Furieuse, elle chasse la servante et se perd dans des songes et des regrets.

Analyse et commentaire critique

La décadence de l'aristocratie

Après avoir admiré l'immense pelouse et les écuries, Emma, émerveillée, entre dans ce château comme dans une église. Elle traverse la salle de billard avec ses grands cadres dorés, et entre dans le salon fastidieux. Dans la salle à manger elle aperçoit le vieux duc de Laverdière, qui correspond parfaitement à son idéal romanesque: *Il avait mené une vie bruyante de débauches, pleine de duels, de paris, de femmes enlevées, avait dévoré sa fortune et effrayé toute sa famille.* Mais Emma, dans sa révérence, naïve et béate, ne semble pas remarquer les aspects dégoûtants de cette scène symbolique qui renvoie à la décadence de la vieille aristocratie.

Un vieillard répugnant

Peu lui importe que ce vieillard presque sourd, *bégayant*, aux *lèvres pendantes*, aux *yeux éraillés*, ait *la serviette nouée dans le dos comme un enfant*, et laisse *tomber dans sa bouche des gouttes de sauce*. Pour Emma, l'essentiel est qu'il ait *vécu à la Cour et couché dans le lit des reines!*

L'illusion d'une vie luxueuse

Complètement fascinée et absorbée, elle convoite ce monde d'autant plus que, tout d'un coup, en apercevant, *contre les carreaux, des faces de paysans qui regardaient*, elle se sent vue. Ces faces observant avec envie un monde dont ils sont exclus, lui renvoient comme un miroir l'image de sa propre situation. Et c'est donc tout son passé qu'elle rejette en rentrant dans une sorte de rêve éveillé qui lui donne l'illusion de participer à cette vie luxueuse.

Emma à l'approche de l'adultère

Toute l'atmosphère semble éveiller la sensualité enfouie d'Emma: en entrant dans la salle à manger, elle se sent *enveloppée par un air chaud, mélange du parfum des fleurs et du beau linge*. Elle interdit formellement à Charles de danser et le repousse vivement lorsqu'il vient l'embrasser sur l'épaule: ce soir, elle n'appartiendra qu'aux hommes au *teint de la richesse*, aux manières à la fois douces et brutales, *dans lesquelles la force s'exerce et où la vanité s'amuse, le maniement des chevaux de race et la société des femmes perdues*.

Juste avant la valse décisive, Emma est témoin d'une scène mystérieuse: une dame laisse tomber un éventail pour jeter en cachette un message dans le chapeau d'un monsieur. Serait-ce une liaison secrète, un adultère même?

La valse avec le vicomte

Ensuite, Emma, invitée à la valse par le vicomte, est en proie à un vertige sensuel jusque-là inconnu. Le rapprochement intime des danseurs (*leurs jambes entraient l'une dans l'autre*), la torpeur d'Emma, le vicomte qui l'entraîne et disparaît avec elle, Emma qui halète, faillit tomber et appuie la tête sur la poitrine de son partenaire, tout semble indiquer que Flaubert, en insistant sur le caractère érotique de ces scènes, voulait rapprocher la situation des vagues projets d'adultère d'Emma.

Une valse immorale

Je sais bien qu'on valse un peu de cette manière, mais cela n'en est pas plus moral. C'est ainsi que l'avocat impérial, indigné, commente le passage en question dans son réquisitoire lors du procès contre Gustave Flaubert.

Un espoir vain

Mais l'espoir d'Emma de pénétrer dans le monde de ses rêves sera déçu. Déjà, elle a écouté *une conversation pleine de mots qu'elle ne comprenait pas*. Maintenant, c'est une rivale qui semble l'emporter auprès du vicomte (*Elle savait valser, celle-là! Ils continuèrent longtemps et fatiguèrent tous les autres*). Plus tard, lorsqu'elle ouvre la fenêtre dans sa chambre, *la nuit noire*, image de l'impassibilité, semble engloutir tous ses désirs. Même le rafraîchissement par le vent humide finit par lui devenir désagréable (*elle grelottait de froid*).

La maladresse de Charles

Charles, maladroit, *dormant à demi*, se traînant à la rampe et se plaignant d'être toujours debout (*les genoux «lui rentraient dans le corps»*), ne se sent pas à l'aise dans ce milieu trop étranger auquel il ne comprend rien. Pendant tout le temps, il reste passif et semble regretter sa maison à Tostes. Bien qu'après tant de raffinement à la Vaubyessard, le dîner modeste (*de la soupe à l'oignon, avec un morceau de veau à l'oseille*) ne soit pas prêt, il est tout content de rentrer chez soi. Ne supportant même pas de fumer un cigare, ce dernier vestige de leur invitation au château, il court avaler, à la pompe, un verre d'eau froide, sous l'œil dédaigneux d'Emma.

Première partie – Chapitre 9

Résumé

Depuis son retour de la Vaubyessard, Emma se perd dans des rêveries confuses afin d'échapper à l'ennui écrasant de sa vie quotidienne avec Charles. Elle reprend ses lectures pour mieux s'imaginer les séductions charmantes de la vie parisienne et pour ranimer le souvenir du vicomte. S'apercevant que Charles ne sera jamais capable de réaliser ses ambitions égoïstes, elle se met à mépriser ce *pauvre homme* médiocre et attend ardemment le changement de sa situation désespérante par un *événement*. Mais les saisons se succèdent, sans que rien ne change. A bout d'espoir et pleine d'aigreur, Emma est atteinte par une névrose. Pour la *changer d'air*, Charles quitte Tostes pour s'installer à Yonville-l'Abbaye. Le jour même de leur départ, Emma apprend qu'elle est enceinte.

Analyse et commentaire critique

La crise de Madame Bovary

En tant que femme mariée, Emma dépend entièrement de son mari. Incapable de réaliser ses ambitions par ses propres moyens dans une société rurale sclérosée, elle doit recourir à Charles et reporter sur lui tous ces désirs de réussir: *Elle aurait voulu que ce nom de Bovary, qui était le sien, fût illustre, le voir étalé chez des libraires, répété dans les journaux, connu par toute la France. Mais Charles n'avait point d'ambition!*

Une ambition égoïste et prétentieuse

Pourtant, cette ambition d'Emma de se distinguer est présentée par le narrateur comme démesurée et purement égoïste. Bien qu'Emma soit repoussée de plus en plus par le physique et les manières de son mari (*il prenait, avec l'âge, des allures épaisses; il commençait d'engraisser*), le narrateur remarque les côtés positifs de Charles: *sa réputation s'était établie tout à fait. Les campagnards le chérissaient parce qu'il n'était pas fier. Il caressait les enfants, [. . .] inspirait de la confiance par sa moralité.* L'attitude d'Emma paraît d'autant plus contestable qu'elle se réfère toujours à ses illusions d'une vie romantique à l'image de ses lectures. Jouant à la grande dame avec Nastasie, sa *femme de chambre*, se réfugiant dans le *monde des ambassadeurs* et *la société des duchesses*, elle n'a que mépris et dédain pour le *reste du monde*:

La prison de la médiocrité

Tout ce qui l'entourait immédiatement, campagne ennuyeuse, petits bourgeois imbéciles, médiocrité de l'existence, lui semblait une exception dans le monde, un hasard particulier où elle se trouvait prise, tandis qu'au-delà s'étendait à perte de vue l'immense pays des félicités et des passions.

Tout son entourage finit par lui devenir prison. Les fenêtres dont *les carreaux étaient chargés de givre* sont opaques et comme fermées pour toujours. L'avenir ressemble même à *un corridor noir [...] qui avait au fond sa porte bien fermée.*

L'échec du couple

Toutes les tentatives de conciliation entre les deux époux si différents se soldent par un échec. Adorant sa femme, Charles ne se doute de rien, puisque, après ses visites, il trouve, *tous les soirs, un feu flambant, la table servie, des meubles souples, et une femme en toilette fine*. Mais le dernier épisode tout à fait symbolique de la première partie témoigne du caractère illusoire de ce bonheur conjugal. En préparant son départ, Emma se pique les doigts à son bouquet de mariage et s'aperçoit que les *boutons d'oranger étaient jaunes de poussière* et que *les rubans de satin [...] s'effiloquaient par le bord*. Toute sa vie, qui semblait prendre un nouvel essor avec le déménagement, est désormais vouée au désespoir, à la décomposition et même à la mort: elle brûle son bouquet et regarde les restes s'envoler par la cheminée *comme des papillons noirs*. C'est dans ce contexte funeste que le lecteur apprend la grossesse d'Emma. L'enfant en tant que symbole de l'espoir et de l'avenir ne pourra pas donner à Emma le bonheur tant rêvé.

La maladie de nerfs

C'est avec une précision presque clinique que Flaubert présente tous les symptomes de la névrose d'Emma, de l'apathie et de l'insatisfaction (*elle n'en pouvait plus; elle restait des journées entières sans s'habiller; elle laissait tout aller dans son ménage*) jusqu'aux troubles psychosomatiques (*elle pâlissait et avait des battements de coeur*), en passant par des sautes d'humeur (*elle devenait difficile, capricieuse*).

Le miroir de l'illusion

Le joueur d'orgue de barbarie, avec son *large sourire doux aux dents larges*, est un personnage mystérieux qui vient mendier de temps en temps dans le petit village. Pour Emma, les airs de son instrument sont les échos d'un autre monde, celui de ses lectures romanesques, qui, avivant son insatisfaction et son mal de vivre, la plongent dans de tristes rêveries sans fin. C'est surtout la valse des figurines sur la plaque tournante de l'orgue qui provoque le

même vertige qu'Emma a éprouvé dans les bras du vicomte au bal de la Vaubyessard: *des danseurs hauts comme le doigt, femmes en turban rose, Tyroliens en jaquette, singes en habit noir, messieurs en culotte courte, tournaient, tournaient entre les fauteuils, les canapés, les consoles, se répétant dans les morceaux de miroir que raccordait à leurs angles un filet de papier doré.*
Et en effet, c'est le petit miroir à l'intérieur de ce microcosme burlesque qui renvoie à Emma une image déformée de ses illusions, dont est évoqué, au début du même chapitre, notamment l'exemple de Paris qui *miroitait dans une atmosphère vermeille.*

Deuxième partie – Chapitre 1

Résumé

Longue description de Yonville-l'Abbaye, un *bourg paresseux* et arriéré: sont présentés plusieurs personnages, dont le pharmacien Homais, qui, en attendant l'arrivée des Bovary, viennent dîner chez la patronne de l'auberge du *Lion d'Or*, Mme Lefrançois. Homais, bourgeois aisé, „moderne" et anticlérical jusqu'aux moelles, expose *sa religion* en tonnant contre l'abbé Bournisien, quand arrive enfin le nouveau médecin dans la diligence *l'Hirondelle*, conduite par Hivert.

Analyse et commentaire critique

Yonville-l'Abbaye

Le petit village de Yonville-l'Abbaye se situe à huit lieues (= environ 32 kilomètres) de Rouen, dans une *contrée bâtarde où le langage est sans accentuation, comme le paysage sans caractère*, avec des *terres friables pleines de sable et de cailloux* où l'on *fait les pires fromages [...] de tout l'arrondissement.* En dénonçant la médiocrité provinciale de ce bourg arriéré, inerte, Flaubert dresse le cadre de l'action future.

La province en décomposition

Comme pour démentir toutes les aspirations d'Emma, le village, plat dans tous les sens du terme, baigne dès le début dans une atmosphère de décomposition et de mort: l'église dont la voûte *commence à se pourrir par le haut*, est entourée par un vaste cimetière sans cesse grandissant et gardé par le fossoyeur Lestiboudois. Chez M. Homais, dans l'arrière-boutique de sa pharmacie, *qui attire le plus les yeux* au village, *les foetus se pourrissent de plus en plus dans leur alcool bourbeux.*

Une prétention provinciale ridicule

Cependant, le village affiche une prétention provinciale ridicule dont témoignent plusieurs détails comme par ex. le *vieux lion d'or déteint* de l'auberge *à la frisure de caniche.*

Une „exposition“ balzacienne?

Cette présentation de la localité annonçant l'action, bien que beaucoup plus condensée et d'un ton plus impartial, ressemble curieusement au procédé balzacien dans les longues „expositions“ de ses romans.

Mme Vauquer explique la pension – la pension implique Mme Vauquer

Dans l'„exposition“ du *Père Goriot* par ex., Balzac peint longuement *le spectacle désolant de l'intérieur* de la pension parisienne de Mme Vauquer dont *toute la personne explique la pension comme la pension implique sa personne.* Ainsi, Balzac continue avec la présentation minutieuse des sept pensionnaires après avoir constaté: *Aussi le spectacle désolant que présentait l'intérieur de cette maison se répétait-il dans le costume de ses habitués, également délabrés.*

Flaubert: un narrateur plus discret

En dépit des principes flaubertiens presque „sacrés“ d'*impersonnalité,* d'*impassibilité* et d'*impartialité* (voir p. 116), le narrateur ne cache pas son aversion pour la médiocrité et la „tristesse“ d'Yonville, au début de ce chapitre. Mais contrairement aux romans balzaciens, il évite de se perdre dans des commentaires didactiques exagérés ou de donner de longues explications socio-historiques et psychologiques.

On pourra donc retenir que Flaubert s'est servi d'une technique de présentation analogue à celle de Balzac: la description du village renvoie à l'attitude de ses habitants. Toutefois, même en employant le discours traditionnel, Flaubert mise beaucoup plus sur la discrétion du narrateur, là où Balzac insiste sur la supériorité et l'allure didactique.

Le pharmacien Homais: la «bêtise bourgeoise»

C'est la *bêtise bourgeoise* que Flaubert peint à travers ce personnage symbolique dont *la figure n'exprimait rien que la satisfaction de soi-même*, qui est chaussé de *pantoufles de peau verte* et *coiffé d'un bonnet de velours à gland d'or*, signes d'une situation sociale aisée ainsi que d'une étroitesse mentale.

«Il faut marcher avec son siècle!»

L'inauthenticité de Homais se révèle dès ses premières phrases: *«Il faut marcher avec son siècle!»* Lorsqu'il expose son anticléricalisme et sa religion à lui, il cite tout un mélange confus de philosophes parmi lesquels figurent Socrate, Voltaire, Béranger et Rousseau, ainsi que les *immortels principes* de la Révolution française de 1789. Il se vante de ses connaissances littéraires superficielles tout comme de sa situation sociale (*l'enseigne, qui tient toute la largeur de la boutique, porte en lettres d'or: «Homais, pharmacien». Puis, au fond de la boutique, [...] le mot «Laboratoire» [...] répète encore une fois «Homais», en lettres d'or)*.
Désormais il profitera de toutes les situations qui lui fournissent l'occasion d'exposer sa personne et d'étaler son savoir et sa „religion".

Les idées reçues

Ce chapitre se termine avec un récit révélateur: quand les convives du *Lion d'or* apprennent que la *levrette de Mme Bovary s'était enfouie à travers champ*, ils essaient *de la consoler par quantité d'exemples de chiens perdus, reconnaissant leur maître au bout de longues années. On en citait un, disait-il, qui était revenu de Constantinople à Paris.* Ces remarques auraient pu figurer dans le *Dictionnaire des idées reçues*, où Flaubert, plein d'une ironie malicieuse, note: *CHIEN. – Spécialement créé pour sauver la vie à son maître. Le chien est l'ami de l'homme.* Par rapport à *FIDÈLE* il marque: *Inséparable d'ami et de chien.*

Les autres personnages: Binet

Le percepteur Binet, ancien carabinier, est présenté en tant qu'employé typique: silencieux, ponctuel, d'une exactitude méticuleuse (*Pas un poil ne dépassait la ligne de son collier blond*; *son pareil n'existait pas sur la terre pour l'exactitude*), au visage terne et d'une régularité d'automate (*Six heures sonnèrent. Binet entra*).

Lestiboudois

Lestiboudois, à la fois gardien du cimetière, bedeau à l'église et fossoyeur, profite de ces fonctions *en tirant ainsi des cadavres de la paroisse un double bénéfice* et en cultivant des pommes de terre sur le terrain vide du cimetière.

l'abbé Bournisien

Léon

Mme Lefrançois

Lheureux

Hivert

Sont encore mentionnés le rival de Homais, l'abbé Bournisien, à la *figure rubiconde* et au *corps athlétique, la maison du notaire, la plus belle du pays*, le clerc M. Léon, Mme veuve Lefrançois, *la maîtresse de l'auberge*, M. Lheureux, marchand d'étoffes, et Hivert, le conducteur de la diligence l'*Hirondelle*.

Deuxième partie – Chapitre 2

Résumé

Après leur arrivée à Yonville, les Bovary dînent au *Lion d'or* avec Homais et Léon Dupuis. Pendant que Homais met en garde Charles devant l'attitude conservatrice de sa nouvelle clientèle, Léon et Emma découvrent une *sympathie commune* dans *une de ces vagues conversations* exaltées sur la littérature romantique.
Malgré l'aspect peu accueillant de leur nouvelle maison, Emma espère y trouver enfin une vie meilleure.

Analyse et commentaire critique

Emma et Léon: un duo romantique

Dès leur première rencontre, Emma se présente à Léon comme un être romantique issu droit de ses rêves dans lesquels il s'est réfugié face à l'ennui et à la banalité de la province: elle s'approche de la cheminée, et, éclairée par le feu, prend sa robe *du bout de ses deux doigts* pour tendre à la flamme *son pied chaussé d'une bottine noire*.

Léon: un désir timide

En adoptant le point de vue du clerc pour décrire longuement son héroïne devant la cheminée de l'auberge, Flaubert nous présente le caractère et l'attitude de Léon. Comme, en la regardant *silencieusement*, il remarque même *les pores égaux de sa peau blanche* et *les paupières de ses yeux*, Léon semble être à la fois fasciné et attiré par Emma. Mais c'est sans s'en apercevoir qu'il posera plus tard *son pied sur un des barreaux de la chaise où Madame Bovary était assise.*

La platitude romantique de Léon

Dans leur conversation, il se montre romantique (*j'y reste avec un livre, à regarder le soleil couchant*), approuve les positions d'Emma, et lui chante toutes les banalités des paysages de montagnes de Suisse, patrie et terre de prédilection du grand poète et philosophe romantiques, Jean-Jacques Rousseau. Effectivement la conversation de Léon regorge de platitudes et de clichés: il *adore la mer*, il ne fait pas de la musique, mais il *l'aime beaucoup*, il *préfère la musique allemande, celle qui porte à rêver* et il vante la lecture *le soir au coin du feu [...], pendant que le vent bat les carreaux, que la lampe brûle!...*

La médiocrité d'Emma

C'est à ce moment précis, qu'Emma, fascinée et séduisante (*fixant sur lui ses grands yeux noirs tout ouverts*), apparaît à nouveau comme un personnage d'un lyrisme médiocre et plat, qui confond le monde des romans avec la réalité. Elle approuve sans réserve les divagations romanesques et brumeuses du jeune clerc (*C'est vrai! c'est vrai!*) ainsi que sa conception de l'Art en tant que distraction et domaine de l'idéal (*de nobles caractères, des affections pures et des tableaux de bonheur*).

A la surface des choses

Tous deux, ils restent comme à la surface des choses, en effleurant le monde, sans jamais le saisir dans son essence et sa profondeur, sans jamais scruter leur pensée qui va s'enchaînant par des associations confuses: *spectacles de Paris, titres de romans, quadrilles nouveaux, et le monde qu'ils ne connaissaient pas [...], ils examinèrent tout, parlèrent de tout.*

L'intention grotesque de Flaubert

Dans une lettre à Louise Colet (9/10/1852), Flaubert écrit: *Je suis à faire une conversation d'un jeune homme et d'une jeune dame sur la littérature, la mer, les montagnes, la musique, tous les sujets poétiques enfin. [...] elle est d'une grande intention grotesque. Ce sera, je crois, la première fois que l'on verra un livre qui se moque de sa jeune première et de son jeune premier.*

Homais: prétentieux et bavard

A nouveau, le pharmacien Homais paraît en bourgeois ridicule, qui garde toujours son bonnet grec par peur d'attraper un rhume. Dans son *Diction-*

naire des idées reçues, Flaubert marque: *BONNET GREC. – Indispensable à l'homme de cabinet. Donne de la majesté au visage.*
C'est aussi le bavard par excellence, proche du fameux Sganarelle dans *le Médecin malgré lui* de Molière. Dès le début, il essaye d'impressionner et d'influencer Charles moyennant une avalanche d'informations pour le mener à sa guise: il lui énumère toutes les maladies dans les contrées ainsi que *les principaux habitants d'Yonville*; il discourt longuement du climat, pour retomber dans les faits divers (*il racontait des anecdotes, donnait des renseignements*).

Le champion des idées reçues

En établissant une relation étroite entre les maladies et le temps, Homais s'érige en véritable „champion des lieux communs", tous issus directement du *Dictionnaire des idées reçues*: *TEMPS. – Eternel sujet de conversation. Cause universelle des maladies. Toujours s'en plaindre.*

Deuxième partie – Chapitre 3

Résumé

Homais essaie de s'attacher Charles pour lui cacher la concurrence illégale qu'il continue à lui faire, malgré une admonition officielle récente, en tant que pharmacien dans son arrière-boutique.
Charles se réjouit de devenir enfin père. Mais Emma est profondément déçue: ayant souhaité un garçon pour se venger *de toutes ses impuissances passées*, elle accouche d'une fille. En souvenir d'une jeune femme au château de la Vaubyessard, elle l'appelle Berthe et la met en nourrice chez la mère Rollet. Un jour, Emma leur rend visite en compagnie de Léon. Lors de cette promenade ils sentent *une même langueur les envahir tous les deux.*

Analyse et commentaire critique

La condition féminine – une impasse

C'est la première fois qu'Emma prend conscience de sa condition de femme en souhaitant accoucher d'un fils, *fort et brun*. Son attitude est imprégnée d'un profond sentiment d'infériorité, en même temps que d'une rancune extrême envers le monde masculin, qui la prive de toute initiative et de toute liberté en l'immobilisant ainsi dans une impasse. Enfermée dans les convenances sociales et en proie à son caractère versatile, elle espère enfin réaliser tous ses désirs à travers un mâle, qui, à sa place, pourra *parcourir les passions et les pays, traverser les obstacles, mordre aux bonheurs les plus lointains*. Elle ressemble en ceci à la mère de Charles qui avait reporté également *toutes ses vanités éparses, brisées* sur son fils (I/1).

En quête d'un prénom

Accouchant *au soleil levant*, Emma sera tellement déçue par la venue d'une fille qu'elle s'évanouira. Elle n'a même pas réfléchi à un prénom féminin et ne veut surtout pas admettre le sien, selon le souhait naïf de son mari. Comme seule consolation, elle lui donnera le prénom de Berthe, qu'elle avait entendu prononcer au château de la Vaubyessard.

(Pour la signification des noms voir pp. 110–114)

Un baptême bien étrange

C'est un baptême bien étrange qui se déroule après la convalescence d'Emma: Homais, qui n'offre comme cadeaux que des produits de sa pharmacie avec *six bâtons de sucre candi qu'il avait retrouvés dans un placard* (!), entonne le *Dieu des bonnes gens*, un vaudeville républicain de Béranger. A l'indignation de l'abbé Bournisien qui y voit une *dérision du premier des sacrements*, le père de Charles baptise Berthe avec un verre de champagne et cite la *Guerre des dieux*, un poème plein de plaisanteries antireligieuses.

Une promenade romantique à la campagne . . .

Pour arriver chez la nourrice, Emma et Léon sont obligés d'emprunter le chemin du cimetière, bordé de fleurs mais aussi d'*orties* et de *ronces légères* ainsi que de *«masures»*, où ils aperçoivent *quelque pourceau sur un fumier*, des *vaches embricolées*, et des essaims de mouches voltigeant autour d'eux.

Un démenti au romantisme

Tous les Parisiens voient la nature d'une façon élégiaque et proprette, sans baugée de vaches et sans orties, avait écrit Flaubert ironiquement à Louise Colet par rapport à ce passage (17/12/1852). C'est donc également dans le but de détruire ces illusions romantiques que Flaubert, en écrivain réaliste, s'est employé à semer des *fleurs flétries* et des *ravenelles* sur le chemin de retour, ainsi que des *bestiaux* et *de grosses pierres vertes, espacées dans la boue*.

La mère Rollet: la misère à la campagne

Quand ils arrivent enfin chez la nourrice, Mme Rollet, la désillusion devient presque insupportable. C'est dans la perspective de Léon que le lecteur y découvre un univers de misère: *un pauvre marmot chétif, couvert de scrofules au visage* au milieu de *l'eau sale* et *plusieurs guenilles indistinctes*. Il s'agit du *fils d'un bonnetier de Rouen que ses parents trop occupés de leur négoce laissaient à la campagne*. Comme Emma s'est débarrassée de son enfant de la même manière, elle apparaît dans une lumière peu favorable aux yeux de Léon: *il lui semblait étrange de voir cette belle dame en robe de nankin tout au milieu de cette misère*.

En effet, ce nouvel environnement contraste vivement avec le *berceau en nacelle avec des rideaux de soie rose et des béguins brodés* dont Emma avait rêvé au début.

La honte et l'irritation d'Emma

Bien que Léon se montre d'une discrétion parfaite, Emma éprouve une certaine honte devant lui (*Mme Bovary devint rouge*) et essaie de s'échapper *rapidement*. Mais la mère Rollet la retient en lui demandant *un peu de savon* pour nettoyer Berthe, *une petite livre de café, un cruchon d'eau-de-vie* pour son mari souffrant *par suite de ses blessures, de crampes terribles à la poitrine*. C'est à travers ces quelques supplications qu'apparaît toute l'étendue de la misère à la campagne. Emma n'a que mépris et dédain pour la nourrice: à la fois irritée et agacée (*C'est bien, c'est bien! Achevez plus vite; Vous m'ennuyez! dépêchez-vous*), elle s'essuie les pieds sur le seuil en sortant (!) de la maison. Elle ne semble pas supporter ce monde opposé à l'idéal de ses rêves romanesques.

Emma – une mère dénaturée?

En fait, Emma n'a rien d'une mère aimante. Non seulement elle ne s'inquiète pas de laisser son enfant dans un milieu qu'elle déteste, mais elle s'empresse même de recoucher Berthe dès que celle-ci vomit sur sa collerette. A l'opposé de la mère-modèle Mme Homais, Emma affiche un dégoût pour tout ce qui touche à la maternité, mis à part les quelques insignes prestigieux susceptibles de donner une belle apparence, comme par ex. un joli berceau.

Mme Homais: l'image ironique de la mère parfaite

La femme du pharmacien par contre, est *la meilleure épouse de Normandie, douce comme un mouton, chérissant ses enfants, son père, sa mère [. . .].* Mais comme c'est Léon qui parle et qui juge, cette image idéale commence à s'effondrer lamentablement en prenant un goût des plus fades: elle est *si lente à se mouvoir, si ennuyeuse à écouter, d'un aspect si commun et d'une conversation si restreinte* que le jeune clerc doute qu'elle *possédât de son sexe autre chose que la robe*.

L'amour naissant entre Emma et Léon

Lors de leur promenade de retour dans le silence, Emma ressent monter en elle une sensualité pour la première fois depuis sa valse avec le vicomte. Aurait-elle enfin trouvé en Léon l'homme qui correspond à l'image de ses rêves? Léon continue de ressembler à Emma: c'est une belle âme qui se plaint *de vivre dans ce village* ennuyeux avec ses bourgeois plats et médiocres et qui, en s'occupant à soigner toujours ses ongles, porte une attention extrême à son apparence. Mais en dépit de la richesse des sensations évoquées par Flaubert dans un style mélodieux, l'ambiance romantique de cette promenade (*langueur, murmure de l'âme, suavité, bonheur, mollesse, enivrement*) est troublée jusqu'au bout par les éléments prosaïques du réalisme flaubertien. Ainsi tout laisse supposer que l'amour platonique entre Léon et Emma restera *presque impossible*.

Deuxième partie – Chapitre 4

Résumé

En hiver, Léon revoit régulièrement Emma à l'occasion des soirées organisées par Homais. Malgré leur complicité amoureuse, Léon n'arrive pas à «*lui faire sa déclaration*», pendant qu'Emma, perdue dans ses illusions romantiques, ne se rend pas compte de la nature de ses propres sentiments.

Un amour ridicule et dérisoire

C'est avec une ironie mordante que Flaubert s'en prend à l'amour non déclaré et comme en suspens entre Léon et Emma. Tous leurs sentiments ainsi que leur comportement sont placés sous le signe de l'inauthenticité et de la fausse apparence. Les *plantes grasses* que Léon offre à Emma et qu'il transporte dans l'*Hirondelle tout en se piquant les doigts à leurs poils durs* ne sont pas de véritables fleurs. En outre, il les achète tout simplement parce qu'un romancier les a mises à la mode. Ainsi, leur première conversation exaltée et plate au *Lion d'or* trouve maintenant sa suite logique.

Un amoureux adolescent, timide et lâche

Non seulement Léon se comporte en adolescent timide envers Emma, mais encore il a peur de Charles en tant que mari et „possesseur“ légitime de sa femme. Sa passivité saute aux yeux: il prend *des décisions énergiques* (qu'il abandonnera par la suite), et il écrit des lettres qu'il finira par déchirer. C'est avec un grand soulagement qu'il accepte l'invitation de Charles de l'accompagner voir un malade, ce qui lui permet de reculer à nouveau le moment décisif de la déclaration et d'excuser sa lâcheté: *Son mari, n'était-ce pas quelque chose d'elle*?

Emma dans l'attente de l'amour fou

Comment expliquer l'attitude passive d'Emma? Tout d'abord, obsédée par la conception romanesque du coup de foudre (*tout à coup*; *ouragan des cieux*) et de l'amour fou (*bouleverse*; *arrache*; *l'abîme*), elle semble rester insensible aux avances timides et presque imperceptibles de Léon. En effet, comme celui-ci semble se limiter à *un commerce continuel de livres et de romances*, Emma ne peut pas se douter qu'*il en pleurait de découragement et de désirs*.

Lâcheté et bavardise de Léon

Plus Léon taît ses véritables sentiments pour Emma en sa présence, plus il parle d'elle aux villageois: lorsqu'Emma lui offre un tapis de velours, il appelle *Mme Homais, M. Homais, Justin, les enfants, la cuisinière* et il en parle même à son patron. Frôlant la bavardise, il donne à croire publiquement qu'elle est *«sa bonne amie», tant il vous entretenait sans cesse de ses charmes et de son esprit.*

Deuxième partie – Chapitre 5

Résumé

Lors d'une visite dans une nouvelle filature de lin en construction près de Yonville, Emma prend conscience de son dégoût pour Charles et de son amour pour Léon. Mais frustrée par la timidité du jeune clerc, et en proie à sa propre versatilité, elle se voit dans une impasse et se force à prendre une attitude hypocrite en jouant à l'épouse vertueuse et à la mère modèle. Elle refuse d'abord les marchandises que lui propose M. Lheureux et, tout en cachant *les appétits de la chair, les convoitises d'argent et les mélancolies de la passion*, elle se met à s'occuper de son enfant et de son mari dont la platitude lui inspire pourtant une haine profonde.

Analyse et commentaire critique

Charles – la platitude d'un paysan

C'est presqu'avec horreur qu'Emma redécouvre la médiocrité et la stupidité de son mari. Son irritation augmente lorsqu'elle s'aperçoit qu'*il porte un couteau dans la poche, comme un paysan!* En revanche, elle se tourne vers Léon dont le *grand œil bleu* la fascine, *plus limpide et plus beau que ces lacs de montagne où le ciel se mire.*

L'artifice d'Emma

Mais les sentiments d'Emma semblent être artificiels. Elle est très flattée lorsqu'elle découvre enfin que Léon l'aime et commence, comme par réflexe, *l'éternelle lamentation: «Oh! si le ciel l'avait voulu! Pourquoi n'est-ce pas? Qui empêchait donc?* …

Un comportement paradoxal

Bien qu'elle déclare être amoureuse de Léon, elle repousse avec un certain dédain cet adolescent timide (*Pauvre garçon!*) dont la présence détruit l'image idéale qu'elle s'est faite de lui: *elle recherchait la solitude, afin de pouvoir plus à l'aise se délecter en son image. La vue de sa personne troublait la volupté de cette méditation.* Comme pour se venger de ce désenchantement continuel provoqué par sa présence, elle n'arrête pas de le décourager et de le blesser en louant Charles ouvertement devant lui (*Il est si bon! – Ah, c'est un brave homme!*).

Le retour à la vertu: une pose hypocrite

En même temps, elle prend à cœur son ménage, retourne à l'église, et retire Berthe de sa nourrice en déclarant *adorer les enfants.* Cependant tout son comportement s'explique par son souci de paraître. Elle accompagne ses caresses d'*expansions lyriques* à l'exemple des héroïnes dans ses romans (ici: Sachette de *Notre-Dame de Paris* de Victor Hugo) tout en obéissant à la logique du *Dictionnaire des idées reçues*, où Flaubert note: *ENFANTS. – Affecter pour eux une tendresse lyrique, quand il y a du monde.*

Et en effet, elle met en scène sa vertu comme une pièce de théâtre, où elle trouve *l'orgueil, la joie de se dire: «Je suis vertueuse», et de se regarder dans la glace en prenant des poses résignées.*

„C'est après le mariage que ça m'est venu"

Mais elle est exaspérée par le fait que personne ne se doute de son *supplice*: Charles ignore complètement qu'elle considère le refoulement pénible de ses *convoitises*, de sa *rage* et de sa *haine* comme suprême sacrifice de soi-même. Ainsi tout son plan se retourne contre elle. Sans la perspective concrète d'un amour heureux avec Léon et sans arriver à mettre fin à son hypocrisie, elle se perd dans un désespoir profond et tombe sérieusement malade. L'exemple de la petite Guérine qui, en se mariant, était sortie de sa tristesse, ne peut pas la consoler, puisque *c'est après le mariage que ça m'est venu.*

Lheureux: une tentation satanique

Au lendemain de la visite à la filature de lin, Lheureux, le *marchand de nouveautés*, s'approche d'Emma pour la première fois et lui propose des écharpes. En effet, de par sa physionomie et son comportement, il ressemble à un véritable tentateur diabolique: c'est un *homme habile*, qui sait faire, *de tête, des calculs compliqués à effrayer Binet lui-même*, aux cheveux blancs, à la *figure grasse, molle et sans barbe* et aux *petits yeux noirs* dont l'*éclat rude* annonce le danger. Etranger, au passé douteux, il est dévot, *poli à l'obséquiosité* et se tient toujours courbé. Mais Emma résiste aux trois tentations de ce „satan bourgeois" qui avance également des idées reçues: tout comme Homais, il attribue la maladie du père Tellier au temps.

Deuxième partie – Chapitre 6

Résumé

Un soir de printemps, Emma se perd avec nostalgie dans ses souvenirs d'enfance au couvent. Prête à la dévotion religieuse, elle se rend chez l'abbé Bournisien. Mais celui-ci, distrait et maladroit, ne comprend pas la véritable nature de sa souffrance. De retour à la maison, Emma, bouleversée et absorbée, repousse sa fille qui se blesse en tombant.
Devant les froideurs apparentes d'Emma et dans l'espoir d'une vie d'artiste à Paris, Léon quitte Yonville. Homais annonce que les comices agricoles se tiendront prochainement à Yonville.

Analyse et commentaire critique

Un malentendu grotesque

Cherchant du réconfort moral, Emma se rend auprès de l'abbé Bournisien. Mais leur dialogue n'est qu'une suite de malentendus de la part de l'ecclésiastique qui ne lui prête qu'une oreille distraite et ramène toutes les paroles d'Emma aux problèmes physiques et matériels (*je souffre – Ces premières chaleurs, n'est-ce pas? – c'est la digestion, sans doute?*). Comme le dialogue se transforme en monologue, la communication s'avère impossible. La gaucherie du *vieillard à soutane* devient grotesque quand il retourne au catéchisme pour *diriger ces pauvres enfants dans la voie du Seigneur*: *Bonne santé, madame; mes respects à monsieur votre mari!*

La fille maudite

Dérangée dans ses réflexions, Emma reporte sa mauvaise humeur sur son enfant et la repousse d'une manière presque brutale, de sorte que celle-ci se coupe la joue en tombant par terre. Au lieu d'assumer sa responsabilité, elle prétend hypocritement (*d'une voix tranquille*) envers son mari que la petite s'est blessée en jouant. Son affolement (en appelant la servante, elle *cassa le cordon de la sonnette*) se transforme vite en mépris: – *C'est une chose étrange [. . .] comme cette enfant est laide!*

Léon aux attraits du mythe de Paris

Bien qu'*ennuyé d'Yonville et des Yonvillais* et *las d'aimer sans résultats*, Léon craint de changer de situation. Finalement, le mythe romanesque de la vie parisienne avec *ses bals masqués* et *le rire de ses grisettes* l'emporte sur son angoisse: *Il y mènerait une vie d'artiste! Il y prendrait des leçons de guitare! Il aurait une robe de chambre, un béret basque, des pantoufles de velours bleu.*

Deuxième partie – Chapitre 7

Résumé

Le départ de Léon plonge Emma dans le regret et le désespoir. Pour se consoler et chasser l'ennui, elle achète enfin une écharpe à Lheureux et se réfugie dans la lecture. Un jour de marché, Emma fait la connaissance de Rodolphe Boulanger, le nouveau propriétaire du château de la Huchette, qui vient faire soigner un de ses fermiers chez Charles.
Malgré le dédain qu'il éprouve pour Charles, Rodolphe apprécie Emma, devine ses frustrations et se met à esquisser une stratégie hardie pour la séduire et en faire sa nouvelle maîtresse.

Analyse et commentaire critique

Le temps immobile

Contrairement à son espoir de commencer une nouvelle vie à Yonville, Emma semble être condamnée à revivre la période pénible des *mauvais jours de Tostes* après son retour du bal de la Vaubyessard. En fait, comme rien n'a changé, elle se voit à nouveau emprisonnée et en proie aux multiples regrets: *elle se maudit de n'avoir pas aimé Léon* dont le souvenir devient *le centre de son ennui* et de sa nouvelle dépression nerveuse.

Fin d'un amour illusoire

Mais le caractère illusoire de cet amour manqué est à nouveau cruellement dévoilé au lecteur: *Elle prit même les répugnances du mari pour des aspirations vers l'amant.* C'est avec les clichés et les métaphores propres au monde romanesque d'Emma que Flaubert dépeint cette lente décomposition: la flamme de l'amour-feu se transforme progressivement en froid de l'amour-cendres (*flammes – s'apaiser – s'éteindre – se consumer – lueur – cendres – froid horrible*), tout comme le *soleil* cède la place au *ciel pâle*, à l'*ombre*, et finalement à la *nuit complète*.

Une période de transition

Emma se réfugie à nouveau dans le monde artificiel de ses romans: *les volets fermés, avec un livre à la main, elle restait étendue sur un canapé*. Avec sa petite contraction au coin de la bouche, elle ressemble à une vieille fille qui prend des allures bizarres en n'hésitant même pas à avaler *un grand demi-verre d'eau-de-vie*. Mais dès qu'un jour de marché, soulagée après le départ de sa belle-mère tyrannique, elle s'accoude à la fenêtre pour s'amuser *à considérer la cohue des rustres*, un changement décisif s'effectue dans sa vie.

Rodolphe, le chasseur-séducteur

Rodolphe Boulanger, le nouveau propriétaire du château de la Huchette près d'Yonville, a l'air peu seigneurial: par ses *fortes guêtres* il fait partie du monde rural; malgré ses rentes considérables et sa passion pour la chasse, il cultive lui-même ses deux fermes. Son nom renvoie par deux fois à l'existence bourgeoise du boulanger (la *huche* à pain dans *Huchette*; voir p. 112).

Un vrai Don Juan

Après l'amour platonique et timide de Léon, Rodolphe incarne l'amour sensuel. C'est un véritable Don Juan, qui n'aime que le plaisir de la chasse et qui considère Emma froidement comme sa nouvelle proie (*ça baille après l'amour comme une carpe après l'eau sur une table de cuisine*). En l'observant sans gêne (*Il regardait Emma durant cette phrase*; *il revoyait Emma [. . .] et il la déshabillait*), il découvre tout de suite ses points faibles (*on s'ennuie! on voudrait habiter la ville*) et élabore une stratégie aussi simple qu'efficace: *avec trois mots de galanterie, cela vous adorerait*.

Une stratégie simple mais efficace

En vrai coureur de jupons, il pense déjà à la *partie politique de l'entreprise* jusqu'aux plus petits détails techniques: *où se rencontrer? par quel moyen?* Comment éviter la petite fille, la bonne, les voisins, le mari. Ce n'est pas par hasard que Charles ne figure qu'à la fin de toutes ses préoccupations, puisqu'il le trouve maladroit, *bête* et négligé (*Il porte des ongles sales et une barbe de trois jours*).

Le futur mari cocu

Par un effet très typique de l'ironie flaubertienne, c'est Charles lui-même qui met sa femme en présence de Rodolphe (*Ma femme! ma femme! appela Charles*), tout comme il lui écrira plus tard *que sa femme était à sa disposition* (II/9).

Il faut noter deux autres détails significatifs qui mettent en relief la sensibilité extrême de Charles ainsi que ses aptitudes professionnelles. Quand Emma crache du sang, il se réfugie dans son cabinet pour pleurer *sous la tête phrénologique*. Après sa saignée maladroite, le narrateur parle de lui en tant qu'*officier de santé*, désignant ainsi son statut inférieur à celui du vrai médecin.

Séduction du luxe et adultère

On notera le rapport étroit entre l'approche de l'adultère en tant que première „chute" d'Emma et son amour du luxe, qu'elle ne réussit plus à refouler. Entre autre, elle achète au tentateur satanique Lheureux *la plus belle de ses écharpes*.

Deuxième partie – Chapitre 8

Résumé

Lors des Comices agricoles, Yonville est en fête. C'est le grand moment de la bêtise de Homais qui, en tant qu'homme de progrès et de science, se croit plus compétent en matière d'agriculture que les agriculteurs. Mme Lefrançois évoque la ruine de Tellier, propriétaire du *Café français*, provoquée par le complot de Lheureux.

Rodolphe et Emma parcourent ensemble l'exposition des animaux, observent l'arrivée des notables et la préparation du grand spectacle pour se réfugier enfin dans *«la salle des délibérations»*, au premier étage de la mairie. Dans une scène remarquablement structurée, les déclarations amoureuses de Rodolphe se confondent avec l'écho des discours officiels et l'énoncé des récompenses. Emma finit par céder aux avances de Rodolphe, tandis qu'une vieille domestique se voit gratifiée d'une médaille dérisoire. La fête s'achève par un feu d'artifice dont Homais rendra compte dans le *Fanal de Rouen*.

„Une symphonie de hurlements“

Si jamais les effets d'une symphonie ont été reportés dans un livre, ce sera là! Il faut que ça hurle par l'ensemble, qu'on entende à la fois des beuglements de taureaux, des soupirs d'amour et des phrases d'administrateurs. (Lettre à Louise Colet 12/10/1853)

Les effets de l'alternance

Par son entrelacement minutieux, l'alternance des deux discours produit un effet original et surprenant. C'est Emma qui est *aveugle* et *plongé(e) dans les préjugés d'un autre âge*, comme le Conseiller l'indique dans son éloge de l'agriculteur devant un auditoire qui écoute bouche bée. Face à l'évocation du monde romanesque tant rêvé, Emma cède peu à peu en se souvenant à la fois du vicomte et de Léon.

Deux discours ridicules

C'est un contraste ridicule entre le *développement des races chevalines, bovines, ovines et porcines* évoqué dans le discours officiel et les *rêves, pressentiments, magnétisme, affinités, hasard* et *fatalité* avancés par Rodolphe, dont les phrases regorgent de lieux communs romantiques (*cette conjuration du monde*; *deux pauvres âmes [...] nées l'une pour l'autre*; *la fatalité l'exige*; *comme deux fleuves qui coulent pour se rejoindre*).

Dans la phase décisive, l'opposition devient grotesque: *Cent fois j'ai voulu partir, et je vous ai suivie, je suis resté.* ↔ *«Fumiers.» – j'emporterai votre souvenir.* ↔ *«Pour un bélier mérinos ...» – je serai quelque chose dans votre pensée, dans votre vie?* ↔ *«Race porcine.»*

Discours et séduction

Gérard Gengembre souligne la similitude entre le discours de Lieuvain et celui de Rodolphe:

> Tous deux [...] visent à séduire, séduire l'audience petite-bourgeoise et paysanne pour le Conseiller, séduire Emma pour Rodolphe. Ces deux manœuvres discursives entendent captiver et asservir en faisant entendre à leurs victimes ce qu'elles désirent, en flattant leurs préjugés, leurs idées reçues, leur soif d'identification à des modèles rassurants ou prestigieux. En caressant leurs aspirations, les discours accaparent leurs destinataires. Tout un ensemble de réseaux lexicaux, métaphoriques, phoniques les unit et met en évidence leur parenté. Surtout leur plénitude, ronflante et/ou lyrique, révèle

un vide. Truffés de clichés, de lieux communs, de stéréotypes, ils ne parlent que le convenu, que le déjà dit et le déjà écrit. [. . .].
Scène ironique parmi les plus ironiques, ce montage savant fait éclater les discours en en dénonçant le mécanisme et l'artifice, mais aussi leur redoutable efficacité. S'ils sont usés, leur usure n'en empêche nullement l'usage, au contraire. S'ils s'annulent comme langage, ils valent comme parole viciée mais perverse, dangereuse et charmante, séduisante en un mot. (Gengembre 1988, p. 369)

La vieille servante

«Catherine-Nicaise-Elisabeth Leroux, de Sassetot-la-Guerrière, pour cinquante-quatre ans de service dans la ferme, une médaille d'argent – du prix de vingt-cinq francs!
C'est une scène où l'hypocrisie de *ces bourgeois épanouis*, impatients et pleins de mépris (*qu'elle est bête!*) devant la *petite vieille femme de maintien craintif*, résumant en elle un *demi-siècle de servitude*, devient insupportable. Le dégoût évident que Flaubert éprouve pour la bourgeoisie ne se traduit pas pour autant en sympathie pour leurs domestiques: la vieille servante considère sa médaille avec *un sourire de béatitude* et décide de la donner *au curé pour qu'il me lise des messes.*

La prétention bourgeoise

Le mutisme et la placidité de la servante s'opposent à la rhétorique creuse et prétentieuse du conseiller Lieuvain («lieu vain» renvoie à la vanité) et aux déclarations rusées et mensongères de Rodolphe. La bourgeoisie semble tout s'approprier par la parole. Homais insiste sur le caractère possessif du bourgeois arrivé (*il faut posséder à fond tous les principes d'hygiène, [. . .] posséder la botanique*), qui, moyennant la *science* et le *progrès*, s'érige en dieu tout-puissant.

La «bêtise bourgeoise» se dévoile

C'est grâce à la technique élaborée de l'alternance et de l'entrelacement que la sottise du discours bourgeois est dévoilée. Aussi, au lieu de commenter ou de juger en auteur-narrateur partial, Flaubert se contente-t-il d'exposer tout simplement le décalage constant entre la banalité extrême du sujet et l'allure prétentieuse du style (*Que ces comices soient pour vous comme des arènes pacifiques*).
A noter aussi les associations ridicules des noms

propres comme Lehérissé («le hérissé») et Cullembourg («calembour»; «cul en bourg») et le portrait déplaisant du public provincial (*Tous ces gens-là se ressemblaient. [...]. Tous les gilets étaient de velours à châle; toutes les montres ...*). Même la servante n'échappe pas à l'ironie: bien que née à Sassetot-la-Guerrière, elle est craintive et humble.

La ruse du règne bourgeois

Ainsi, Flaubert semble avoir visé le mécanisme rusé de la domination bourgeoise à travers le discours flatteur du conseiller Lieuvain en tant que représentant du gouvernement. Celui-ci offre aux agriculteurs ainsi qu'aux *vénérables serviteurs* et aux *humbles domestiques* une image héroïque de leur existence (*arènes*), vante leur importance pour la société, rend hommage à leurs *pénibles labeurs*, pour enfin leur offrir la *récompense de leurs vertus silencieuses* et les inciter: *Continuez! persévérez!*

Homais et la «réunion de famille»

J'ai [...] à la fin [...] un article de journal fait par mon pharmacien, qui rend compte de la fête en bon style philosophique, poétique et progressif. C'est ainsi que Flaubert, dans une lettre à Louise Colet (15/7/1853), caractérise ironiquement le compte-rendu prétentieux et plein de clichés que Homais écrira sur cette *réunion de famille* pour le *Fanal de Rouen*: *il dépeignait la joie des lauréats en traits dithyrambiques. «Le père embrassait son fils, le frère le frère, l'époux l'épouse. Plus d'un montrait avec orgueil son humble médaille, et sans doute, revenu chez lui, près de sa bonne ménagère, il l'aura suspendue en pleurant aux murs discrets de sa chaumière».*

Deuxième partie – Chapitre 9

Résumé

Par calcul, Rodolphe ne revient chez Emma pour faire sa déclaration, qu'après avoir laissé passer quelques jours, pendant lesquels il part à la chasse. Flatté par l'estime apparente que lui porte Rodolphe, Charles s'enthousiasme pour le conseil de son rival en insistant lui-même sur le fait qu'Emma aille se promener avec lui à cheval. Lors de leur première promenade, Emma se donne à Rodolphe après une brève résistance. A leur retour, Charles, naïf, ne se doute pas que sa femme se délecte à l'idée d'avoir enfin un amant. Elle continue de sortir avec Rodolphe et, audacieuse, va même le voir à la Huchette, au petit matin.

Analyse et commentaire critique

Un séducteur rusé

Rodolphe continue sa stratégie bien calculée de séducteur-chasseur rusé, en misant sur la carte romantique dont il déploie tout l'éventail. Mais derrière ces apparences sentimentales se dissimule la brutalité d'un homme en proie à sa sensualité (*Il eut un geste de colère et d'ennui*). En effet, tout le comportement de Rodolphe n'a qu'un seul but, comme Flaubert le laisse entrevoir dans une note dans le manuscrit du roman: *montrer nettement le geste de Rodolphe qui lui prend le cul d'une main et la taille de l'autre.*

La „baisade" – les raisons du «blanc»

Après la valse vertigineuse avec le vicomte et l'amour platonique, contradictoire et comme en suspens avec Léon, l'amour physique avec Rodolphe semble enfin compenser les frustrations conjugales d'Emma.

Pourquoi à nouveau ce «blanc» lors de la scène, où Emma *s'abandonna*?

J'ai une baisade qui m'inquiète fort et qu'il ne faudra pas biaiser, quoique je veuille la faire chaste, c'est-à-dire littéraire, sans détails lestes, ni images licencieuses, écrit-il à Louise Colet (2/7/1853).

Eviter „l'immoralité"

En effet, si dans cette scène, Flaubert se borne à faire des allusions très discrètes, c'est tout d'abord en vue d'éviter le reproche d'immoralité. Mais c'est principalement pour caractériser les aspirations et les sentiments d'Emma que Flaubert renvoie l'acte physique au second plan.

L'espoir romantique d'Emma

En se donnant à Rodolphe, elle croit réaliser enfin son idéal romanesque, dont témoigne sa confusion romantique avec la nature environnante lorsqu'elle se réveille comme d'un rêve. Emue, silencieuse, éblouie par le soleil couchant, Emma aperçoit des tâches lumineuses comme des *colibris*, elle ressent la douceur émanant des arbres, sent son cœur dont les battements recommencent comme après une syncope. C'est un *cri vague et prolongé d'une voix* qui résume son état d'âme.

L'amour physique au second plan

Le facteur sexuel, par contre, s'avère d'abord plutôt répugnant, puisque Emma aperçoit Rodolphe dans une pose complètement dépourvue d'un côté sentimental: *le cigare aux dents*, il *raccommodait avec son canif une des deux brides cassée.* (A noter que le cigare et le canif peuvent être interprétés en tant que symboles phalliques). Cependant Emma semble avoir découvert aussi le plaisir sexuel. De retour à la maison, elle remarque que *jamais elle n'avait eu les yeux si grands, si noirs, ni d'une telle profondeur.*

L'inauthenticité d'Emma

«J'ai un amant! un amant!» – même l'air triomphant avec lequel elle se délecte *à cette idée comme à celle d'une autre puberté* se rapporte à ses aspirations romanesques, qu'elle voit réalisées comme *quelque chose de merveilleux*: *Alors elle se rappela les héroïnes des livres qu'elle avait lus, et la légion lyrique de ces femmes adultères se mit à chanter dans sa mémoire [. . .].*

En persévérant à suivre ses modèles romanesques, Emma reste dans son jeu artificiel et inauthentique.

«Le nom d'un autre»

Madame Bovary! . . . Eh! tout le monde vous appelle comme cela! . . . Ce n'est pas votre nom, d'ailleurs; c'est le nom d'un autre!

Les paroles prononcées par Rodolphe lors de leur première entrevue après les comices, renvoient à nouveau à un problème central du roman, l'identité de la femme bourgeoise. Avec cet adultère, Emma croit enfin avoir trouvé une identité.

Emma Bovary = Emma Boulanger

Mais qu'est-ce qui pourrait changer d'essentiel pour „Emma Boulanger"? Elle n'y pense même pas, ses occupations tournant seulement autour de Rodolphe en tant qu'amant éternel. En fait, c'est du jugement d'autrui qu'elle dépendra désormais entièrement. Elle demande à Rodolphe *de l'appeler encore par son nom et de répéter qu'il l'aimait.*

Une vengeance pubertaire

A la longue, sa révolte ne sera qu'une *vengeance* éphémère et pubertaire, par laquelle elle réalise la *longue rêverie de sa jeunesse*. Elle, qui au moment décisif s'était encore *caché la figure* comme par honte, savoure maintenant son nouvel amour *sans remords, sans inquiétude, sans trouble* et l'arrange selon ses goûts: *Ils se firent des serments. Elle lui raconta ses tristesses.*

Un séducteur dans la défensive

Apparemment, les rôles sont désormais renversés: Emma prend l'initiative allant jusqu'à l'audace de ses visites fréquentes à la Huchette, au petit matin. C'est à contre-cœur que Rodolphe entre dans ce jeu romantique, puisqu'elle lui reproche ses lettres trop courtes. Il finit par se sentir envahi et, *contrarié*, lui déclare *que ses visites devenaient imprudentes et qu'elle se compromettait.*

Charles en serviteur grotesque du séducteur

Charles se comporte en véritable sot. Il facilite à nouveau l'adultère en livrant lui-même sa femme au séducteur: *Charles écrivit à M. Boulanger que sa femme était à sa disposition et qu'il comptait sur sa complaisance.* Au dîner, il lui trouve *bonne mine* et lui offre une pouliche (*cela te serait agréable*). Moyennant ce „cadre grotesque“, Flaubert retire à l'épisode tout aspect romantique.

Deuxième partie – Chapitre 10

Résumé

Un matin, malgré toutes ses précautions, Emma est surprise par Binet en rentrant de la Huchette. Désormais, c'est Rodolphe qui viendra voir Emma chez elle, la nuit, dans le jardin et même dans le cabinet de Charles. Cependant Emma, sentimentale et romanesque, est de plus en plus embarrassée par l'*indélicatesse* et la *grossièreté naïve* de son amant. Celui-ci se sent envahi et finit par prendre ses distances. Une lettre du père Rouault, évoquant son enfance heureuse, emplit Emma de nostalgie. En proie à des remords, elle repousse Rodolphe, s'attendrit sur son enfant et se retourne vers son mari.

Analyse et commentaire critique

De l'amour exalté à la «flamme domestique»

Le *grand amour* exalté entre Emma et Rodolphe se révèle comme une illusion. A la longue, Rodolphe, malgré sa *bravoure*, ne correspond pas à l'image romanesque d'un amant (*Elle eût désiré le voir plus sérieux, et même plus dramatique*). Celui-ci se heurte à la sentimentalité artificielle et à la candeur naïve de sa compagne dont les exigences (*échanger des miniatures, se couper des poignées de cheveux*) et les allures (*elle lui parla des cloches du soir ou des «voix de la nature»*) finissent par l'agacer. Leurs sentiments ne semblent pas résister à l'érosion du temps comme *l'eau d'un fleuve qui s'absorberait dans son lit*, où Emma aperçoit *la vase*. A cette image symbolique, le narrateur ajoute même un commentaire ironique: *au bout de six mois [. . .] ils se trouvaient, l'un vis-à-vis de l'autre, comme deux mariés qui entretiennent tranquillement une flamme domestique.*

La nostalgie de l'enfance heureuse

C'est la lettre émouvante de son père qui rappelle à Emma le bonheur de son enfance qu'elle associe à la liberté, à l'espoir et à l'abondance d'illusions ainsi qu'à *des soirs d'été pleins de soleil*, des poulains hénnissant, galopant, des abeilles frappant *contre les carreaux comme des balles d'or rebondissantes.* Devant ces images nostalgiques d'un bonheur sans limites, Emma se sent à bout de forces, à la fois usée et vidée par toutes ses expériences successives, dont le mariage et l'amour.

Le retour à la pureté familiale et bourgeoise

C'est à ce moment seulement qu'elle découvre son enfant pour laquelle son père vient de planter un arbre et dont elle ne s'était guère souciée avant. Comme par réflexe, elle se précipite pour l'embrasser (*Comme je t'aime, ma pauvre enfant! comme je t'aime!*) et la couvre d'un amour maternel qui prend un trait exagéré et artificiel, puisqu'elle *fit mille questions sur sa santé comme au retour d'un voyage, et enfin, la baisant encore et pleurant un peu, elle la remit aux mains de la domestique, qui restait fort ébahie devant cet excès de tendresse.*

Deuxième partie – Chapitre 11

Résumé

L'épisode de l'opération du pied bot est au roman ce que la péripétie est à la tragédie antique. Sollicité par Homais et sa femme, Charles tente l'opération du pied bot du serviteur du *Lion d'or*, Hippolyte. A la grande joie d'Emma, l'intervention semble d'abord un succès, dû à de savantes lectures de Charles. Mais l'admiration d'Emma pour son mari tourne vite au mépris et à la haine, lorsque la jambe s'enflamme et que le docteur Canivet de Neufchâtel se voit obligé de l'amputer. Désespérée et furieuse d'avoir nourri des illusions sur Charles, Emma retourne dans les bras de Rodolphe.

Analyse et commentaire critique

L'opération du pied bot

C'est Homais qui a l'idée d'opérer le pied bot d'Hippolyte. Ayant lu *l'éloge d'une nouvelle méthode pour la cure des pieds bots* et en véritable *partisan du progrès – «Il faut marcher avec son siècle!»* (cf. chap. II/1) –, il essaie de convaincre Emma: *succès presque certain, soulagement et embellissement du malade, célébrité vite acquise à l'opérateur.*

Les motifs d'Emma

Emma, à son tour, y voit la dernière possibilité de réussir pour son mari: *quelle satisfaction pour elle de l'avoir engagé à une démarche d'où sa réputation et sa fortune se trouveraient accrues? Elle ne demandait qu'à s'appuyer sur quelque chose de plus solide que l'amour.*

(Pour l'ambition égoïste d'Emma voir p. 44/45)

La conjuration des villageois

Sollicité par Homais et Emma, Charles se laisse convaincre. Mais comme déjà la jambe cassée du père Rouault l'avait mis dans l'embarras (*il tâchait de se remettre en mémoire toutes les fractures qu'il savait*; I/2), il semble peu sûr de réussir cette opération en tant qu'officier de santé. Par une conjuration de tous les villageois, Hippolyte, d'abord méfiant, cède à son tour aux promesses obscures des *bienfaits de la science*, et puisque ça *ne lui coûterait rien*.

L'espoir d'Emma

Après l'opération, Emma, toute fière de son mari, *lui sauta au cou: elle se trouvait heureuse de se rafraîchir dans un sentiment nouveau, plus sain, meilleur, enfin d'éprouver quelque tendresse pour ce pauvre garçon qui la chérissait. L'idée de Rodolphe, un moment, lui passa par la tête; mais ses yeux se reportèrent sur Charles: elle remarqua même avec surprise qu'il n'avait point les dents vilaines.*

Echec de Charles = échec d'Emma

Mais cinq jours plus tard, Hippolyte se tord dans des *convulsions atroces*. Quand son état s'empire, l'abbé Bournisien essaie d'en profiter (*il fallait s'en réjouir, puisque c'était la volonté du Seigneur, et profiter vite de l'occasion pour se réconcilier avec le ciel*).

Finalement, comme *l'invincible pourriture allait montant toujours des extrémités vers le ventre*, on fait appel au docteur Canivet qui décide d'amputer la cuisse. Pendant que Charles, atterré, se voit *déshonoré, ruiné, perdu* et en accuse la *fatalité*, Emma, furieuse, voyant tous ses rêves tombés *dans la boue*, se met à mépriser son mari médiocre.

Le mépris d'Emma

> *Elle ne partageait pas son humiliation, elle en éprouvait une autre: c'était de s'être imaginé qu'un pareil homme pût valoir quelque chose, comme si vingt fois déjà elle n'avait pas suffisamment aperçu sa médiocrité. [...] le ridicule de son nom allait désormais la salir comme lui. [...]. Tout en lui l'irritait maintenant, sa figure, son costume, ce qu'il ne disait pas, sa personne entière, son existence enfin. Elle se repentait, comme d'un crime, de sa vertu passée, et ce qui en restait encore s'écroulait sous les coups furieux de son orgueil. Elle se délectait dans toutes les ironies mauvaises de l'adultère triomphant. Le souvenir de son amant revenait à elle avec des attractions vertigineuses.*

Le retour à Rodolphe

Au lieu de consoler son mari, Emma refuse de l'embrasser et, le soir même, retourne dans les bras de Rodolphe. Elle ne pardonnera jamais à Charles d'avoir déçu tous ses espoirs.

Deuxième partie – Chapitre 12

Résumé

Ecœurée par Charles, Emma s'attache éperdument à Rodolphe. Pour pouvoir lui offrir des cadeaux, elle s'endette de plus en plus auprès du marchand Lheureux. Une dispute éclate entre Emma et sa belle-mère, scandalisée par le comportement provocateur et l'impertinence de sa bru. Emma supplie son amant de l'enlever et rêve d'une vie romantique avec lui dans des pays lointains. Mais déjà Rodolphe prend ses distances.

Analyse et commentaire critique

Emma s'impose

Exigeante, possessive, jalouse, Emma s'impose de plus en plus. C'est elle qui prend l'initiative sur tous les plans. Elle s'endette auprès du marchand sournois Lheureux pour faire des cadeaux coûteux à son amant (entre autres une cravache à pommeau de vermeil, un cachet, une écharpe, un porte-cigares). Celui-ci, humilié, en refuse plusieurs, mais *finit par obéir, la trouvant tyrannique et trop envahissante.*

Provoquer le monde bourgeois

En fait, pour scandaliser les bourgeois d'Yonville, Mme Bovary prend les allures d'un homme:

> *Ses regards devinrent plus hardis, ses discours plus libres; elle eut même l'inconvenance de se promener avec M. Rodolphe, une cigarette à la bouche, «comme pour narguer le monde»; enfin, ceux qui doutaient encore ne doutèrent plus quand on la vit, un jour, descendre de l'*Hirondelle*, la taille serrée dans un gilet, à la façon d'un homme; et Mme Bovary mère [...] ne fut pas la bourgeoise la moins scandalisée.*

Insolente et avec la *dignité d'une marquise*, Emma affronte maintenant sa belle-mère, symbole de la femme d'un âge révolu, asservie, soumise à la banalité et à la convenance du monde provincial (– *Ah! quel savoir-vivre! quelle paysanne!*).

Des contrastes grotesques

A nouveau, Flaubert met en scène des contrastes grotesques. Tandis qu'Emma prépare la fuite avec son amant, Charles s'enflamme pour son épouse qui, d'*indéfinissable beauté, s'épanouissait enfin dans la plénitude de sa nature*. En réaliste solide, il envisage de *louer une petite ferme aux environs* et fait des plans de financement pour garantir et l'éducation et le bonheur modeste de Berthe.

La fuite dans le luxe et dans les rêves romantiques

Emma, par contre, satisfait ses caprices de luxe (*mille curiosités féminines*) en se compromettant davantage avec le tentateur Lheureux (*– Ah! je te tiens! pensa Lheureux*). Elle est loin de se faire des soucis financiers. *Au galop de quatre chevaux, elle était emportée depuis huit jours vers un pays nouveau*. La nuit, elle se perd dans des rêves romantiques, riches en traits exotiques et pittoresques (*murmure des guitares, bruit des fontaines, tas de fruits, statures pâles, jets d'eau, village de pêcheurs, palmier, golfe, gondole, hamac*). Tout d'un coup, Emma se réveille dans son lit: *Mais l'enfant se mettait à tousser dans son berceau, ou bien Bovary ronflait plus fort*.

Un amour égoïste dans un décor irréel

En effet, Charles et Berthe ne font que déranger ces plans d'évasion égoïstes: *dans tout cela, jamais il n'était question de son enfant. Rodolphe évitait d'en parler; peut-être qu'elle n'y pensait pas*.

Cependant Rodolphe se montre hésitant et essaie de la détourner de ses plans d'évasion, conçus dans un décor irréel. Emma ne partage pas ces réticences:

> *– Quel malheur donc peut-il me survenir. Il n'y a pas de désert, pas de précipice ni d'océan que je ne traverserais avec toi. A mesure que nous vivrons ensemble, ce sera comme une étreinte chaque jour plus serrée, plus complète! Nous n'aurons rien qui nous trouble, pas de soucis, nul obstacle! Nous serons seuls, tout à nous, éternellement ...*

Deuxième partie – Chapitre 13

Résumé

Devant l'inventaire de ses aventures galantes, Rodolphe fait part à Emma qu'il ne partira pas avec elle. Quand Emma reçoit sa lettre, elle est tentée de se jeter par la fenêtre du grenier. Au dîner, en entendant la voiture de Rodolphe passer devant la maison, elle s'évanouit et tombe malade. Après avoir enfin été guérie d'une fièvre cérébrale, elle a une rechute, lorsque, dans la tonnelle du jardin, elle voit le banc qui lui rappelle Rodolphe.

Analyse et commentaire critique

Les trophées de Casanova

C'est sous une *tête de cerf faisant trophée* que Rodolphe fait le point sur ses trophées de chasseur de femmes, *ce tas de papiers et de choses* ainsi que des boucles de cheveux. En fait, Rodolphe est un conquérant abruti, un Casanova insensible et incapable d'affection (*il ne se rappelait rien; les plaisirs [. . .] avaient tellement piétiné sur son coeur, que rien de vert n'y poussait*).

La lettre de rupture

En choisissant chaque expression, chaque tournure, chaque phrase avec soin, Rodolphe entre dans la dernière phase de sa stratégie de l'éternel conquérant. Il se sert à nouveau de tout l'éventail de la rhétorique romantique, pleine de clichés et de lieux communs (*«Du courage Emma! du courage! Je ne veux pas faire le malheur de votre existence . . .»; O mon Dieu! non, non, n'en accusez que la fatalité!»; «Le monde est cruel, Emma.*) La dissimulation devient cynique, lorsqu'il fait tomber une goutte d'eau en guise de larme sur la lettre et la cachète avec *Amor nel cor* („Amour dans le cœur").

Le délire suicidaire d'Emma

Vertige, délire suicidaire, troubles visuels et auditifs, stupeur, convulsions et torpeur hystériques, crise psychosomatique allant jusqu'aux vomissements – les différentes étapes de la maladie nerveuse d'Emma sont rapportées avec une précision surprenante et rappellent les troubles graves dont souffrait Flaubert en 1844.

Les „abricots du grotesque"

Sans le savoir, Charles aggrave la crise d'Emma en lui proposant les abricots dont Rodolphe s'était servi pour cacher sa lettre de rupture: - *Oh! parfait! disait-il. Tiens goûte. [. . .]. Sens donc: quelle odeur!*

Le banc du jardin

Tout comme le passage du tilbury bleu de Rodolphe provoque son évanouissement, c'est le banc dans la tonnelle du jardin qui, en lui rappelant son amant, entraînera sa rechute.

Le thème du banc lié à la rupture d'une liaison amoureuse renvoie à *Eugénie Grandet*, roman probablement le plus connu de Balzac. Une courte comparaison entre les deux passages en question témoigne de la différence énorme entre les procédés littéraires des deux auteurs.

Une réponse à Balzac?

Dans son roman *Eugénie Grandet* (1833), Honoré de Balzac raconte l'histoire d'amour entre Eugénie Grandet et son cousin Charles. Envoyé à Saumur avec la nouvelle de la mort de son père, ce jeune dandy parisien s'éprend de la petite provinciale, fille de l'avare Félix Grandet. Après un *A toi, pour jamais!* de part et d'autre sur le *vieux banc sous le noyer*, Charles part aux Indes pour y faire fortune. Pour Eugénie ce sont de longues années d'attente, pendant lesquelles elle va souvent s'asseoir *sur le banc de bois rongé par les vers et garni de mousse grise, où ils s'étaient dit tant de bonnes choses, de niaiseries, où ils avaient bâti les châteaux en Espagne de leur joli ménage*. La fonction symbolique de cette image du banc pourrissant se révèlera bientôt au lecteur:

„Le petit banc de bois" dans «Eugénie Grandet»

> Eugénie était assise sur le petit banc de bois où son cousin lui avait juré un éternel amour.

C'est à ce moment précis qu'Eugénie reçoit la lettre décisive de son cousin Charles, qui lui annonce la rupture:

La lettre de rupture

> «[. . .]. Rien ne résiste au temps, je l'éprouve. Oui, ma chère cousine, malheureusement pour moi, le moment des illusions est passé. [. . .]. Vous êtes libre, ma cousine, et je suis libre encore [. . .]. Je n'ai point oublié que je ne m'appartiens pas; je me suis toujours souvenu dans mes longues traversées du petit banc de bois . . .»
> Eugénie se leva comme si elle eût été sur des charbons ardents, et alla s'asseoir sur une des marches de la cour.
> «. . . du petit banc de bois où nous nous sommes juré de nous aimer toujours [. . .].»

Ensuite, Charles lui apprend qu'il va *s'unir à la famille d'Aubrion, dont l'héritière* lui *apporte en mariage son nom, un titre et une position des plus* brillantes. Le narrateur commente longuement la réaction d'Eugénie:

Le commentaire du narrateur balzacien

> Epouvantable et complet désastre. Le vaisseau sombrait sans laisser ni un cordage, ni une planche sur le vaste océan des espérances. En se voyant abandonnées, certaines femmes vont arracher leur amant aux bras d'une rivale, la tuent et s'enfuient au bout du monde, sur l'échafaud ou dans la tombe. [. . .]. D'autres femmes baissent la tête et souffrent en silence: elles vont mourantes et résignées, pleurant et pardonnant, priant et se souvenant jusqu'au dernier soupir. Ceci est de l'amour, l'amour vrai, l'amour des anges, l'amour fier qui vit sa douleur et qui en meurt. Ce fut le sentiment d'Eugénie après avoir lu cette horrible lettre. Elle jeta ses regards au ciel, en pensant aux dernières paroles de sa mère [. . .].
> – Ma mère avait raison, dit-elle en pleurant. Souffrir et mourir.

De la „bavardise" balzacienne au „blanc" flaubertien

Là où Balzac, „bavard", impose sa vision du monde en décrivant et en commentant amplement les sentiments de son héroïne, Flaubert se borne à l'essentiel, au „mot juste", en laissant un „blanc", qui fait appel à l'imagination du lecteur:

> *– Assieds-toi donc sur ce banc: tu seras bien.*
> *– Oh! non, pas là! fit-elle d'une voix défaillante.*
> *Elle eut un étourdissement, et, dès le soir, sa maladie recommença [. . .].*

Deuxième partie – Chapitre 14

Résumé

Emma se réfugie dans un mysticisme bizarre mais s'en détourne vite *avec le sentiment vague d'une immense duperie*. Après une dispute entre l'abbé Bournisien et Homais sur la littérature, le pharmacien convainc Charles d'emmener Emma au théâtre de Rouen.

Jouer au mysticisme

Frustrée par ses déceptions affectives, Emma, en plein délire, se laisse envahir par des sentiments religieux. A nouveau, elle entre dans l'artificiel en lisant des livres pieux: *Elle voulut devenir une sainte. Elle acheta des chapelets, elle porta des amulettes.* Effectivement, son mysticisme systématique et forcé prend des allures bizarres à l'image de ses lectures:

L'idéal romanesque de la religion

> *Quand elle se mettait à genoux sur son prie-Dieu gothique, elle adressait au Seigneur les mêmes paroles de suavité qu'elle murmurait jadis à son amant, dans les épanchements de l'adultère. C'était pour faire venir la croyance; mais aucune délectation ne descendait des cieux, et elle se relevait, les membres fatigués, avec le sentiment vague d'une immense duperie. [. . .] dans l'orgueil de sa dévotion, Emma se comparait à ces grandes dames d'autrefois, dont elle avait rêvé la gloire sur un portrait de La Vallière, et qui, traînant avec tant de majesté la queue chamarrée de leurs longues robes, se retiraient en des solitudes pour y répandre aux pieds du Christ toutes les larmes d'un cœur que l'existence blessait.*

Jouer à la charité

Ensuite, Emma se met à jouer à la femme charitable et finit par faire revenir à la maison Berthe, que Charles avait renvoyée chez la nourrice en raison de la maladie de sa femme:

> *Elle voulut lui apprendre à lire; Berthe avait beau pleurer, elle ne s'irritait plus. C'était un parti pris de résignation, une indulgence universelle. Son langage, à propos de tout, était plein d'expressions idéales. Elle disait à son enfant:*
> *– Ta colique est-elle passée, mon ange?*

Homais: anticlérical et libre penseur

Bournisien s'attaque à la littérature parce qu'elle finit *par engendrer un certain libertinage d'esprit et vous donner des pensées déshonnêtes, des tentations impures*. Mais devant les contre-attaques du pharmacien, l'abbé, peu versé dans ces matières et résigné, se retranche derrière l'autorité de ses confrères et de l'Eglise: *Telle est du moins l'opinion de tous les Pères. [. . .] si l'Eglise a condamné les spectacles, c'est qu'elle avait raison; il faut nous sou-*

mettre à ses décrets. Ici comme ailleurs, Flaubert semble donner partiellement raison à Homais, anticlérical et libéral d'esprit.

Les hypothèses de Jean-Paul Sartre

Dans sa gigantesque étude sur Flaubert, *L'Idiot de la famille* (1971), Jean-Paul Sartre note par rapport aux sympathies de l'auteur:

> Flaubert a, sans aucun doute, voulu peindre un libre penseur ridicule; mais il a voulu en même temps, *lui donner raison.* Comment n'a-t-on pas vu que Bournisien est conçu tout exprès pour justifier les diatribes de Homais? Qu'est-ce qui empêchait l'auteur de montrer un prêtre moins repoussant que ce curé matérialiste, ignare, qui mange et boit comme quatre, n'entend rien aux âmes et que la sottise pousse à l'intolérance. Quelle étrange mystification: dans le même livre, Flaubert nous montre la bêtise odieuse d'un anticlérical et l'odieuse bêtise d'un prêtre qui justifie pleinement l'anticléricalisme. [. . .].

L'attitude contradictoire de Flaubert envers Homais

> Flaubert ne le blâme point de détruire par la Science les croyances chrétiennes; il lui reproche de mettre en la Science une confiance inconditionnée. [. . .]. Quand le pharmacien oppose la physique aux dogmes catholiques, Flaubert n'a rien à lui répondre, lui qui écrit si souvent: „Je hais l'antiphysis." Mais l'auteur n'en déteste pas moins sa créature: ce qu'il reproche à Homais, c'est de se complaire à écraser sous l'entassement de petites vérités précises et coupantes les grandes inquiétudes de l'humanité. (J.-P. Sartre, L'idiot de la famille, © Editions Gallimard, Paris, p. 643 et 644)

Deuxième partie – Chapitre 15

Résumé

Emma se réjouit de l'atmosphère pompeuse du théâtre qui lui rappelle ses lectures de jeunesse et suit avec intérêt l'action de *Lucie de Lammermoor.* Alors qu'elle se passionne pour le ténor Lagardy, Charles ne comprend rien à l'intrigue. A l'entracte, il tombe sur Léon et le ramène auprès de sa femme. Il propose même à Emma de rester seule avec Léon à Rouen pour revoir Lagardy le lendemain.

Analyse et commentaire critique

Le théâtre bourgeois

C'est avec une ironie mordante que le narrateur s'en prend au rôle du théâtre dans la société bourgeoise, tout comme avait été déjà tournée en dérision la conception idéaliste de l'Art avancée par Léon, lors de sa première soirée avec Emma à Yonville (*les poètes [. . .] font bien mieux pleurer; distraction; nobles caractères; affections pures; tableaux de bonheur*; II/2):

> *[Les abonnés] venaient se délasser dans les beaux-arts des inquiétudes de la vente; mais n'oubliant point les affaires, ils causaient encore cotons, trois-six* [= l'eau-de-vie à 36 degrés cotée en bourse] *ou indigo.*

Edgar Lagardy: un charlatan

Effectivement, c'est dans le domaine de l'art et de la politique que le narrateur flaubertien tend à abandonner ses trois principes littéraires presque sacrés (*impersonnalité/impassibilité/impartialité*). Ainsi il dénigrera également le ténor Edgar Lagardy, après l'avoir décrit avec les yeux d'Emma: *plus de tempérament que d'intelligence et plus d'emphase que de lyrisme, achevaient de rehausser cette admirable nature de charlatan, où il y avait du coiffeur et du toréador.*

„Emma de Lammermoor"?

Emma, après *la désillusion de l'adultère*, semble d'abord se méfier du piège romanesque en rejetant l'image mensongère (*fantaisie plastique*) de l'héroïne Lucie de Lammermoor (*Elle connaissait à présent la petitesse des passions que l'art exagérait*). Mais à la seconde entrée en scène de Lagardy, Emma a une „rechute" et se laisse séduire à nouveau par des illusions romanesques: *elle tâcha de se figurer sa vie, cette vie retentissante, extraordinaire, splendide, et qu'elle aurait pu mener cependant, si le hasard l'avait voulu.*

Si le hasard l'avait voulu . . .

Projetée tout d'un coup dans une véritable *folie*, Emma s'imagine une autre vie avec Lagardy et voudrait même se faire enlever par lui comme jadis par Rodolphe. La désillusion en est d'autant plus cruelle et sèche: *Le rideau se baissa.* Cependant un autre hasard se produit, provoqué par la maladresse presque grotesque de Charles.

Charles au service du séducteur

Charles ne comprend rien aux beaux-arts ni à l'action de *Lucie de Lammermoor* (il trouve que la musique *nuisait beaucoup aux paroles*). En outre il met à nouveau sa femme à la „disposition“ du séducteur en retrouvant Léon et en proposant à Emma de rester seule à Rouen.

Léon séducteur

Dès que réapparaît *l'ancien clerc d'Yonville*, dont la timidité avait tant irrité Emma, celui-ci sait s'imposer en séducteur irrésistible: il tend sa main *avec un sans-façon de gentilhomme*, tandis qu'Emma semble obéir *à l'attraction d'une volonté plus forte* et frissonne *sous le souffle tiède de ses narines qui lui descendait dans la chevelure*. Ensuite, Léon, non seulement se *penche sur elle*, mais encore sa moustache lui effleure la joue.

La moustache de Léon

C'est précisément la moustache de Léon qui met en évidence que l'amour platonique de Léon a fait place à une sensualité extrême. Guy de Maupassant, disciple favori du grand Flaubert, en fera l'éloge en tant que symbole de la virilité dans la nouvelle *La Moustache* (1883):

«La Moustache» de Maupassant

> Vraiment, un homme sans moustache n'est plus un homme. [. . .] la moustache, ô la moustache! est indispensable à une physionomie virile. [. . .] ne te laisse jamais embrasser par un homme sans moustache. Cela n'a plus ce charme, [. . .] ce poivre du vrai baiser. La moustache en est le piment. [. . .].

„Le frisson charmant de la virilité“

> D'où vient donc la séduction de la moustache [. . .]. D'abord elle chatouille d'une façon délicieuse. On la sent avant la bouche et elle vous fait passer dans tout le corps, jusqu'au bout des pieds, un frisson charmant.

La hardiesse de Léon tout comme la réaction d'Emma annoncent leur liaison future, placée dès lors sous le signe de la sensualité et de l'amour physique.

Troisième partie – Chapitre 1

Résumé

Le lendemain, Léon rejoint Emma, restée seule à l'hôtel *Croix-Rouge*. Dans un entretien plein de dissimulation et de mensonges, ils évoquent leur amour manqué d'une façon nostalgique et décident de *recommencer* en se donnant rendez-vous le lendemain à la cathédrale. Emma s'y rend à contrecœur et envisage de donner à Léon une lettre de rupture. Irrité par la présence d'un gardien, qui les contraint à visiter la cathédrale, Léon entraîne Emma dans un fiacre, où elle se donne à lui.

Analyse et commentaire critique

Le discours du mensonge et de la platitude

L'entretien d'Emma et de Léon à l'hôtel rappelle curieusement leur première rencontre à l'auberge du *Lion d'or*. A nouveau, ils se complaisent dans une attitude romantique exaltée. Cependant, celle-ci n'est plus naïve, mais mensongère. En prétendant tous les deux n'avoir qu'attendu impatiemment le moment de leurs retrouvailles, ils se font *un idéal sur lequel ils ajustaient à présent leur vie passée.* Pourtant la lucidité d'Emma saute aux yeux: lorsque Léon lui déclare avoir trouvé l'hôtel guidé *par un instinct*, Emma *se mit à sourire*. Comme Léon continue de peindre une image faussée de ses sentiments pour Emma, celle-ci détourne la tête pour qu'*il ne vît pas sur ses lèvres l'irrésistible sourire qu'elle y sentait monter.* Effectivement, après tant de désillusions et de déceptions, elle semble apercevoir parfaitement toutes les platitudes et les clichés avancés par Léon.

Léon – un conquérant médiocre

Celui-ci se présente en séducteur plat et médiocre (*C'était le plus convenable des étudiants: il ne portait les cheveux ni trop longs ni trop courts*), dont le *plan* n'est qu'une imitation ridicule et sotte de la stratégie habile et rusée du „conquérant" Rodolphe. Bien qu'ayant vaincu sa timidité, il restera toujours *le pauvre clerc*, qui, n'ayant pas de succès auprès des Parisiennes, doit se contenter de courtiser *la femme de ce petit médecin.* Là, il *se sentait à l'aise, sûr d'avance qu'il éblouirait*, et – selon le commentaire désobligeant du narrateur – *avec cette résolution des poltrons que rien n'arrête.*

La mort symbolique des cactus

En se rappelant tous *les petits événements de cette existence lointaine*, Léon s'enquiert aussi du destin des *cactus* qu'il avait offerts jadis à Emma comme signe de son amour et auxquels il s'était tant piqué les doigts (II/4). D'une façon symbolique, la réponse d'Emma dévoile l'étendue de leur dissimulation, en indiquant leurs vrais sentiments: – *Le froid les a tués cet hiver.*

Le charme de la séduction

Si Emma est parfaitement consciente de la comédie qu'ils se jouent, elle finit néanmoins par céder au *charme de la séduction* en savourant les images embellies et nostalgiques de leur liaison manquée à Yonville: *elle disait de temps à autre, à voix basse et les paupières à demi fermées: – Oui, c'est vrai! ... c'est vrai! ... c'est vrai! ...*

Emma cache mal ses désirs de *recommencer* (*Je suis trop vieille ...*) et accepte de venir au rendez-vous, le lendemain, dans la cathédrale. Ils savent bien tous les deux que derrière la façade romantique et sentimentale de leurs paroles ils cachent une sensualité extrême: quand Léon *se pencha vers son cou et la baisa longuement à la nuque*, Emma proteste sans conviction *avec de petits rires sonores.*

Emma dans la cathédrale: la vertu qui succombe

Si, en attendant Emma, Léon se complaît d'abord dans l'église, c'est qu'elle lui renvoie l'image idéale et presque sacrée qu'il s'est faite de son amour pour Emma. *Une description, dans un roman de Flaubert, [...] ne provoque pas, comme chez Balzac, une suspension du récit, elle est elle-même récit.* (Danger 1973, p. 110). En effet, la description correspond ici tout à fait au regard intéressé de Léon. Mais en réalité, c'est une image qui frôle la perversion et le sacrilège, puisqu'Emma ne lui apparaît séduisante que sous un aspect purement physique et sensuel (*charmante; agitée; robe à volants; lorgnon d'or; bottines minces; toutes sortes d'élégances*). En séducteur et conquérant, il se sert donc de la cathédrale, de ce terrain sacré, en tant que *boudoir gigantesque*, pour mieux ressentir *l'ineffable séduction de la vertu qui succombe.*

Cependant, comme Léon a peur qu'Emma revienne sur sa décision sous l'emprise du lieu saint et surtout de *la chapelle de la Vierge* (*elle se raccrochait de sa vertu chancelante, à la Vierge, aux sculptures, aux tombeaux*), il essaie de l'en éloigner. Par un malentendu paradoxal – le suisse s'indigne contre Léon, parce que celui-ci commet un *sacrilège* en refusant ses services –, la situation devient insupportable et grotesque. Léon, furieux, n'arrivant pas à mettre fin aux divagations niaises du gardien, s'élance hors de l'église et se réfugie avec Emma dans un fiacre, après avoir balayé toutes ses réticences avec le seul argument valable pour une „âme romanesque": *Cela se fait à Paris*. Cette scène rappelle une situation analogue, celle des deux discours entrelacés d'Emma et de Rodolphe et de Lieuvain pendant les Comices agricoles.

Le gardien grotesque

Plus encore que la première „chute" d'Emma dans la forêt près d'Yonville, la scène audacieuse du fiacre, traversant Rouen *à stores tendus* pendant des heures, a choqué les lecteurs contemporains tout comme ces *bourgeois* qui *ouvraient de grands yeux ébahis devant cette chose si extraordinaire en province*. A nouveau, Flaubert a préféré s'en tenir à de vagues allusions, en ne mentionnant qu'*une main nue* [. . .] qui passe par la fenêtre et jette *des déchirures de papier* qui s'éparpillent *comme des papillons blancs, sur un champ de trèfles*. C'est au lecteur de s'imaginer ce qui se passe dans cette voiture mystérieuse, *plus close qu'un tombeau et ballottée comme un navire*, évoquant donc à la fois la mort et le plaisir sensuel.

La scène du fiacre

Cependant Sartre insiste sur le caractère symbolique de cette scène, où, en réalité, *tout est vu*:

Rien n'est vu? «Tout est vu!»

> Que fait Flaubert? Il obéit à ses créatures: elles ont tiré les stores pour n'être vues par personne? Qu'à cela ne tienne: personne ne les verra, pas même l'auteur. [. . .] les amours de Léon et d'Emma ne prêtaient, jusque-là, qu'à sourire; ils deviennent tout à coup obscènes et grotesques. [. . .]. Ainsi les deux amants, transformés en véhicule furieux, sont plus nus que dans un lit puisqu'ils n'ont plus rien pour les protéger.

«Leur „baisade" est publique»

Leur „baisade" est publique: ils sont les gisants d'un tombeau en folie, leurs transports se réduisent à l'unicité d'un transport dont l'essence est d'aller de nulle part à nulle part, l'énergie qu'ils dépensent équivaut à celle que fournissent deux rosses blasées pour exécuter un travail idiot. Comme le cocher, déboussolé, repasse sans cesse par les mêmes lieux, la copulation, qu'ils voulaient cacher, se transforme en une obscène exhibition. [...]. Donc tout est *vu*: les bourgeois voient le couple qui baise, ils le voient dans son plus obscène dénuement; toute la ville peut le regarder passer: cette solitude qui leur était si chère, elle s'évanouit. [...]. Tout est dit: Gustave peut être content, il a irréalisé, déshumanisé deux êtres humains. (J.-P. Sartre, L'Idiot de la famille, © Editions Gallimard, Paris, p. 1277–1282)

Troisième partie – Chapitre 2

Résumé

De retour à Yonville, Emma tombe sur Homais en train de gronder son apprenti: Justin est allé chercher une bassine à confiture dans le capharnaüm, où l'apothicaire garde également un flacon d'arsenic. Ayant découvert un livre licencieux dans la poche de Justin, Homais s'emporte davantage et annonce brutalement à Emma que son beau-père est décédé. Sur le conseil de Lheureux, Emma, nullement infligée par cette mort, tente d'obtenir l'autorisation de régler les affaires de la succession. Sur la proposition de Charles, elle se rend à Rouen pour trois jours afin de „consulter" Léon.

Analyse et commentaire critique

Le bourgeois ridicule Homais

En vrai bourgeois paternaliste, autoritaire et puritain, qui veille comme un maniaque sur *l'ordre*, Homais se rend plus d'une fois ridicule en dévoilant le caractère contradictoire de ses maximes (*Une bassine de réserve! [...] et dont jamais peut-être je ne me servirai! Tout a son importance!*). Sa prétention prête au rire: *Il citait du latin tant il était exaspéré.*

Il eût cité du chinois et du groënlandais, s'il eût connu ces deux langues.

L'arsenic

Bien que rappelant une comédie de Molière, cette scène prépare la fin tragique d'Emma. Avec une extrême précision, le pharmacien décrit devant Emma *la bouteille, en verre bleu, cachetée avec de la cire jaune, qui contient une poudre blanche, sur laquelle même j'avais écrit: «Dangereux!»*, qui se trouve dans son capharnaüm, *dans le coin, à gauche, sur la troisième tablette.*

«Et ce fut tout.» – le «blanc» comme signe du vide

Toute absorbée par son amour pour Léon, et pleine de mépris pour son mari *chétif, faible, nul*, dont elle aimerait *se débarrasser*, Emma se montre totalement insensible à la mort de son beau-père. Le soir même, taciturne, elle se met *résolument à manger* et, par politesse, demande l'âge du défunt à Charles, qui est *plein de détresse*:

> *– Cinquante-huit ans!*
> *– Ah!*
> *Et ce fut tout.*

Ce vide, rien de plus simple pour Flaubert que de le montrer par un «blanc», tout comme à l'occasion de la mort de la première femme de Charles, Héloïse: *Elle était morte! Quel étonnement!* (I/2). Il se servira d'ailleurs de ce «Et ce fut tout» pour tirer le bilan décevant de la dernière rencontre entre les deux protagonistes de l'*Education sentimentale*, Frédéric Moreau et Mme Arnoux.

Troisième partie – Chapitre 3

Résumé

Le séjour d'Emma à Rouen ressemble à *une vraie lune de miel*: ils passent la journée dans leur chambre d'hôtel, *volets fermés, portes closes*, prennent une barque pour aller dîner dans une île et rentrent à l'hôtel sous la lune. Par l'indiscrétion d'un batelier, Emma apprend que Rodolphe s'est servi de la même barque pendant une de ses histoires galantes. Avant de se quitter, les deux amants décident d'entretenir une correspondance secrète, la mère Rollet devant servir d'intermédiaire.

Analyse et commentaire critique

La fuite dans l'isolement

C'est une existence presque paradisiaque. Retranchés du monde extérieur pendant la journée à l'*Hôtel de Boulogne*, sur le port, (*volets fermés, portes closes*), ils ne quittent l'isolement quasi hermétique de leur chambre que le soir, pour aller dîner sur une île. Cependant, il ne s'agit que d'une fuite éphémère et illusoire, qui ressemble à un rêve. Cette île paisible et habitée dans la Seine, facilement accessible en barque, prend des traits caricaturaux par rapport à la tradition littéraire, où elle figure comme symbole de l'isolation, tout comme un endroit idéal et utopique (par ex. Robinson, Atlantis).

Troisième partie – Chapitre 4

Résumé

Afin de pouvoir rejoindre son amant régulièrement à Rouen, Emma feint d'être *prise d'une grande ardeur musicale* et obtient de son mari la permission d'aller suivre des leçons de piano une fois par semaine.

Analyse et commentaire critique

Une comédie bouffonne

La médiocrité et la bêtise de Charles obligent Emma à lui jouer une comédie bouffonne, afin de le convaincre de la nécessité des cours de piano. Cependant, Flaubert se borne à une description courte et précise qui réunit les principaux traits sans trop insister sur les détails. La ruse d'Emma, l'épouse habile fait pendant à la naïveté de Charles, le mari aveugle. Mais Charles est tellement bête que la stratégie d'Emma faillit d'abord échouer: il ne remarque même pas le jeu médiocre de sa femme au piano. Le problème financier semble d'abord infranchissable. Mais en s'assurant par des remarques bien placées la solidarité de son voisinage, elle provoque l'intervention de Homais, qui finit par forcer son mari à revenir *encore une fois sur cette question.* Dans la discussion qui s'ensuit, Charles doit encore céder à la ruse psychologique et aux raffinements rhétoriques de sa femme.

Le piège de Lheureux

Emma cependant, dans l'espoir de recevoir bientôt de l'argent, s'endette de plus en plus auprès de Lheureux, dont la dissimulation et l'habileté s'avèrent beaucoup plus raffinées que celles d'Emma. En effet, toute occupée à forger le piège pour Charles, elle tombe dans celui que lui tend Lheureux. En lui vantant toujours le bon marché de ses marchandises (*«ce n'était pas la mer à boire»*), Lheureux lui devient indispensable: *Elle ne pouvait plus se passer de ses services. Vingt fois dans la journée elle l'envoyait chercher, et aussitôt il plantait là ses affaires, sans se permettre un murmure.*

Troisième partie – Chapitre 5

Résumé

Tous les jeudis donc, Emma retrouve Léon dans une chambre d'hôtel à Rouen et rentre le soir même avec la diligence. En partant de Rouen, un *pauvre diable vagabondant* aveugle effraie Emma par son aspect répugnant.
Face aux soupçons de Charles, Emma prend l'habitude de mentir, et, par plaisir, se réfugie dans *un assemblage de mensonges* tout en s'endettant davantage auprès de Lheureux par ses dépenses exagérées et son manque de connaissances dans le domaine financier.
Un jeudi soir, comme Emma ne rentre pas, Charles se met à la chercher à Rouen et faillit tout découvrir. Malgré cet avertissement et l'irritation montante de Léon, Emma se rend désormais à Rouen quand l'envie lui prend. Aussi, Emma, possessive et exi-

geante, finit-elle par s'imposer complètement à son amant.

Analyse et commentaire critique

«Quelle étreinte!» Le vertige sensuel

Pendant le trajet déjà, Emma est prise par un vertige *devant l'espace*. Elle entre dans Rouen comme dans Babylone, ville du péché. Son projet contraste vivement avec le train de vie des bourgeois: à son arrivée, la ville s'éveille, et tandis que tout le monde se met au travail, Emma, *souriant de plaisir*, va s'enfermer avec Léon dans la chambre d'hôtel et se voue aux *intimités de la passion*. Flaubert, cette fois-ci, devient plus précis en décrivant tous les détails de l'appartement *tiède* (*Le lit était un grand lit d'acajou en forme de nacelle; cette bonne chambre pleine de gaieté, malgré sa splendeur un peu fanée; un petit Cupidon de bronze*).

La volupté d'Emma

Il évoque également la volupté d'Emma par des images qui, de par leur allusion évidente, ont choqué les lecteurs contemporains (*elle riait d'un rire sonore et libertin quand la mousse du vin de Champagne débordait du verre léger sur les bagues de ses doigts*).

Léon: du conquérant à la «maîtresse»

Léon se trouve dans une position ambiguë. D'une part, il voit comblé tous ses désirs romantiques et sensuels (*Elle était l'amoureuse de tous les romans, l'héroïne de tous les drames, le vague «elle» de tous les volumes de vers*). D'autre part, il reste prétentieux et se vante intérieurement: *n'était-ce pas une femme du monde, et une femme mariée! une vraie maîtresse enfin?*

Cependant il ne ressemble en rien à un conquérant, mais plutôt à ce *poltron,* dont le qualifiait le narrateur (III/1). Non seulement Emma *l'appelait «enfant»*, mais encore *il acceptait tous ses goûts; il devenait sa maîtresse plutôt qu'elle n'était la sienne*.

Le malaise devant la femme (trop) sensuelle

A la fin, c'est Léon qui semble s'inquiéter avec un malaise vague: *Où donc avait-elle appris cette corruption, presque immatérielle à force d'être profonde et dissimulée?* Son idéal – *elle était par-dessus tout Ange!* – se révèle comme illusoire: l'Ange se transforme en une femme dominatrice, dévorante et menaçante.

L'aveugle – l'image de la mort

Ce *pauvre diable vagabondant au rire idiot* ressemble à un cadavre ambulant. De par ses *deux orbites béantes tout ensanglantées*, sa chair en *lambeaux rouges*, d'où coulaient *des liquides qui se figeaient en gales vertes*, il semble incarner la pourriture et la mort. Cependant, sa *voix aiguë*, qui *lui descendait au fond de l'âme comme un tourbillon dans un abîme*, exerce sur Emma une fascination irrésistible comme jadis le joueur d'orgue de barbarie (I/9) et la projette dans une *mélancolie sans bornes*. Tous ces signes – *descendre au fond; abîme*; *mélancolie sans bornes*; l'image de la pourriture – sont de mauvais augure et annoncent la mort prochaine d'Emma, tout en suggérant qu'elle semble être comme attirée par cet *abîme*.

La montée de la folie

Effectivement, Emma semble être en proie à la folie. Elle prend l'habitude de mentir, même sans nécessité (*C'était un besoin, une manie, un plaisir*) et a des *extravagances*, tout en se comportant d'une manière de plus en plus bizarre (*Elle devenait irritable, gourmande, et voluptueuse*; elle se montre avec Léon dans les rues, *tête haute, sans peur de se compromettre*). Lors d'une *attaque de nerfs*, elle *se mit à rire d'un rire strident, éclatant, continu*. Jalouse, elle invente des histoires d'amour pour mettre Léon à l'épreuve. Versatile, elle repousse Léon en vitupérant contre tous les hommes (– *Vous êtes tous des infâmes!*) pour ensuite l'attirer à nouveau vers elle: *je suis folle; embrasse-moi!*

L'endettement

C'est à nouveau Lheureux qui va profiter de la situation d'Emma. Il lui demande l'acquittement de ses dettes et lui fait vendre *une méchante masure* appartenant à son mari. Lorsque Charles prend connaissance des billets d'Emma, celle-ci réussit à le calmer. La mère de Charles, qui se doute de toutes les machinations de sa bru, le met en garde et jette la procuration dans le feu. C'est à ce moment mal choisi que Charles se révolte *pour la première fois* contre sa mère, en prenant la défense de sa femme.

Troisième partie – Chapitre 6

Résumé

Un jour, invité par Léon, Homais accompagne Emma à Rouen. Au café, il expose sa théorie sur les femmes, pleines d'idées reçues, si bien que le jeune clerc manque au rendez-vous avec Emma. Malgré sa nouvelle déception face à la médiocrité de Léon et l'*insuffisance de la vie*, Emma ne parvient pas à rompre avec lui et se réfugie dans l'illusion romanesque en idéalisant son amant. Comme Lheureux commence à faire pression sur Emma, celle-ci se prend de plus en plus dans un engrenage fatal: pour payer ses billets, elle vend de vieux objets et s'endette à nouveau en empruntant de l'argent à tout le monde. Au retour d'un bal masqué, Emma apprend que ses biens seront saisis dans les 24 heures, si elle ne rembourse pas ses dettes. Lheureux se montre intransigeant devant ses supplications.

Analyse et commentaire critique

La révolte manquée de Léon

L'amour d'Emma devient de plus en plus envahissant et effrayant pour Léon, qui se demande pourquoi elle est si *expérimentée*: *il y avait sur ce front couvert de gouttes froides, sur ces lèvres balbutiantes, dans ces prunelles égarées, dans l'étreinte de ces bras, quelque chose d'extrême, de vague et de lugubre, qui semblait à Léon se glisser entre eux, subtilement, comme pour les séparer.* Malgré cette irritation, Léon s'avère incapable de se révolter *contre l'absorption, chaque jour plus grande, de sa personnalité.*

Une „couleur lascive"?

Au procès de *Madame Bovary*, le procureur s'en prendra vivement à la *peinture exécrable au point de vue de la morale* dont Flaubert se serait rendu coupable. Le défenseur réplique:

> „Elle se déshabillait ... (ah! monsieur l'Avocat impérial, que vous avez mal compris ce passage!) elle se déshabillait brutalement (la malheureuse), arrachant le lacet mince de son corset qui sifflait autour de ses hanches, comme une couleuvre qui glisse: et,

> pâle, sans parler, sérieuse, elle s'abattait contre sa poitrine, avec un long frisson ... Il y avait sur ce front couvert de gouttes froides ... dans l'étreinte de ces bras, quelque chose de vague et de lugubre ..." C'est ici qu'il faut se demander où est la couleur lascive? et où est la couleur sévère? et si les sens de la jeune fille aux mains de laquelle tomberait ce livre classique entre tous les classiques, que je citerai tout à l'heure, et qui a été réimprimé mille fois, sans que jamais procureur impérial, ou royal, ait songé à le poursuivre. Est-ce qu'il y a quelque chose d'analogue dans ce que je viens de vous lire? Est-ce que ce n'est pas, au contraire, l'excitation à l'horreur du vice que „ce quelque chose de lugubre qui se glisse entre eux pour les séparer"?

Le mal de vivre d'Emma

En passant près de son couvent, Emma se souvient du calme et des *ineffables sentiments d'amour* évoqués dans les livres qu'elle avait lus dans son enfance, et qui contrastent vivement avec ses expériences de femme mariée. Toute sa vie se révèle être la quête de cet idéal romanesque et inexistant dans la réalité. Face aux déceptions constantes, cette quête désespérée devient également une lutte contre le temps: Emma va donc accuser le monde réel de mensonge et rendre le hasard responsable de son échec. Ainsi, dans ce passage central, Flaubert fait entrevoir la psychologie de son héroïne, qui semble dresser un bilan, faire l'autopsie de sa vie manquée, moyennant un monologue intérieur dans le discours indirect libre:

L'autopsie d'un échec

> *[...] elle n'était pas heureuse, ne l'avait jamais été. D'où venait donc cette insuffisance de la vie, cette pourriture instantanée des choses où elle s'appuyait? ... Mais, s'il y avait quelque part un être fort et beau, une nature valeureuse, pleine à la fois d'exaltation et de raffinements, un cœur de poète sous une forme d'ange, lyre aux cordes d'airain, sonnant vers le ciel des épithalames élégiaques, pourquoi, par hasard, ne le trouverait-elle pas? Oh! quelle impossibilité! Rien, d'ailleurs, ne valait la peine d'une recherche; tout mentait! Chaque sourire cachait un bâillement d'ennui, chaque joie une malédiction, tout plaisir son dégoût, et les meilleurs baisers ne vous laissaient sur la lèvre qu'une irréalisable envie d'une volupté plus haute.*

Le bal masqué

Le bal masqué où Emma se rend avec Léon le jour de la mi-carême, contraste vivement avec l'épisode du bal à la Vaubyessard (I/8). Les trois phrases que Flaubert lui consacre, en disent long sur le désenchantement d'Emma: c'est un épisode dérisoire, un reflet grotesque du monde aristocratique, auquel elle avait pu goûter jadis. Tandis qu'à la Vaubyessard Emma portait une *robe de safran pâle, relevée par trois bouquets de roses pompons mêlées de verdure* (I/8), elle est vêtue maintenant d'un pantalon, de *bas rouges*, et a mis *une perruque à catogan et un lampion sur l'oreille*. Au lieu de danser élégamment avec un vicomte au son délicat des violons, elle *sauta toute la nuit, au son furieux des trombones*. Lorsqu'elle se „réveille" de cette „sauterie" le matin, la désillusion est totale: elle se retrouve avec quelques femmes *du dernier rang, [...], un clerc, deux carabins et un commis: quelle société pour elle!*

La fuite devant le réel

La scène du bal masqué renvoie à l'artifice romanesque et grotesque dans lequel s'est réfugiée Emma face à sa nouvelle déception. Comme jadis avec Rodolphe, elle se lasse de son amant (*Emma retrouvait dans l'adultère toutes les platitudes du mariage*).

Retirée dans sa chambre à Yonville, *faisant fumer des pastilles du sérail*, Emma se perd dans ses rêves (*elle lisait jusqu'au matin des livres extravagants où il y avait des tableaux orgiaques avec des situations sanglantes*).

Léon en fantôme romanesque

Dégoûtée par la banalité prosaïque de son amant, Emma continue néanmoins *à lui écrire des lettres amoureuses, en vertu de cette idée, qu'une femme doit toujours écrire à son amant*. Dans ses *élans d'amour vague*, elle se forge un véritable *dieu*, *un fantôme fait de ses plus ardents souvenirs, de ses lectures les plus belles, de ses convoitises les plus fortes*.

Un petit-bourgeois banal et médiocre

Léon, par contre, prend conscience du danger qu'il court en s'étant lié avec une femme mariée. Mis en garde par une lettre anonyme adressée à sa mère, il songe à sa carrière professionnelle (*il allait devenir premier clerc: c'était le moment d'être sérieux*) ce qui lui vaut, de la part du narrateur, un commentaire tout à fait conforme à la tradition balzacienne:

Aussi renonçait-il à la flûte, aux sentiments exaltés, à l'imagination – car tout bourgeois, dans l'échauffement de sa jeunesse, ne fût-ce qu'un jour, une minute, s'est cru capable d'immenses passions, de hautes entreprises. Le plus médiocre libertin a rêvé des sultanes; chaque notaire porte en soi les débris d'un poète.

Les brunes, les blondes, les rousses . . .

Effectivement, Léon est un opportuniste lâche, qui n'arrive même pas à se défaire de Homais, bavard, qui lui tient compagnie au *Café de Normandie*. Tous les deux émettent leurs théories sur les femmes – les brunes, les blondes, les négresses – qui correspondent exactement aux remarques de Flaubert dans le *Dictionnaire des idées reçues*:

BLONDES. – Plus chaudes que les brunes (v. «brunes»).
BRUNES. – Plus chaudes que les blondes (v. «blondes»).
NÉGRESSES. – Plus chaudes que les blanches (v. «brunes» et «blondes»).
ROUSSES. – V. blondes, brunes et négresses.

Ces clichés démontrent que Léon, à son tour, fait partie d'un univers inauthentique: celui de la *bêtise bourgeoise*.

L'ultimatum de Lheureux

Le marchand Lheureux incarne le côté agressif de cette *bêtise*. Finalement, il laisse tomber le masque de la servilité, et, ironique, dédaigneux, *les bras croisés*, ne se *moque pas mal* de la détresse d'Emma face à ses revendications et lui donne un ultimatum: si, dans les 24 heures, elle ne rembourse pas toutes ses dettes, qui ont atteint la somme considérable de 8000 francs, tous ses *meubles et effets* seront saisis.

Troisième partie – Chapitre 7

Résumé

Le lendemain, l'huissier, maître Hareng, fouille toute la maison en vue d'établir le procès-verbal de saisie, sans que Charles s'en aperçoive. Toutes les tentatives d'Emma de se procurer la somme nécessaire seront vouées à l'échec. Après les banquiers rouennais, c'est Léon qui refuse de voler son étude.

En rentrant à Yonville, elle rencontre Homais dans l'*Hirondelle*, qui propose à l'aveugle de le soigner. Le notaire, maître Guillaumin essaie même de la séduire, mais Emma, scandalisée de se voir abaissée à l'état de prostituée, le gifle. Après le refus de Binet, elle se réfugie chez la nourrice, pour enfin tenter sa dernière chance auprès de Rodolphe.

Analyse et commentaire critique

Le paysage indifférent

A nouveau, Flaubert rompt avec une tradition littéraire romantique: la description du paysage en tant que miroir des sentiments. Comme le paysage que Charles doit traverser lors de son trajet à la ferme des Bertaux (I/2) reste complètement indifférent à ses sentiments, la ville de Rouen semble afficher également une indifférence presque cynique envers Emma, désespérée après le refus de Léon, qu'elle vient de quitter.

> *Il faisait beau; c'était un de ces jours du mois de mars clairs et âpres, où le soleil reluit dans un ciel tout blanc. Des Rouennais endimanchés se promenaient d'un air heureux.*

Le personnage annonciateur de l'aveugle

C'est Homais lui-même qui, après s'être longuement moqué de l'aveugle, lui donne l'aumône ainsi que son adresse (*M. Homais, près des halles, suffisamment connu*), en lui promettant de le guérir *avec une pommade antiphlogistique de sa composition*. Cette démarche explique non seulement la présence de l'aveugle à Yonville le jour de la mort d'Emma, mais renvoie aussi aux ambitions secrètes de Homais: triompher de Charles, médecin sur place et le supplanter, tout en se montrant charitable.
D'autre part, l'apparence hideuse de l'aveugle renvoie à l'empoisonnement et l'agonie d'Emma: *la tête renversée, tout en roulant ses yeux verdâtres et tirant la langue, il se frottait l'estomac à deux mains, tandis qu'il poussait une sorte de hurlement sourd.*

L'ambiguïté d'Emma

L'ambiguïté de la situation d'Emma éclate lors de sa démarche auprès du notaire, M. Guillaumin. Forcée à se prosterner, Emma prend l'allure d'une prostituée. Malgré l'indécence et la voracité du riche notaire, c'est aussi d'Emma que provient l'ambiguïté de cette scène. Pour ne pas nuire à sa démarche, elle ne proteste pas devant les insinuations et les avances du notaire, qui frôle *du genou sa bottine*, couvre sa main *d'un baiser vorace* et la garde sur son genou, joue avec ses doigts délicatement, tout en lui contant *mille douceurs*, avance ses mains dans la manche d'Emma, *pour lui palper le bras* et commence à haleter. Bien qu'elle se sente gênée par lui, Emma ne le repousse qu'au moment où Guillaumin lui déclare son amour en la saisissant par la taille: *Je suis à plaindre mais pas à vendre!*

La prostitution d'Emma

Mais en réalité, Emma ne rechigne pas devant la prostitution comme ultime moyen pour se sauver. Malgré ses emportements contre les hommes (*Elle aurait voulu battre les hommes, leur cracher au visage, les broyer tous*), peu de temps après, non seulement elle semble faire des avances à Binet (*son sein haletait; Binet était rouge jusqu'aux oreilles*), mais encore elle compte *contraindre* Rodolphe *en rappelant d'un seul clin d'œil leur amour perdu*. C'est à ce moment précis que le narrateur abandonne la perspective d'Emma pour commenter sèchement son comportement:

> *Elle partit donc vers la Huchette, sans s'apercevoir qu'elle courait s'offrir à ce qui l'avait tantôt si fort exaspérée, ni se douter le moins du monde de cette prostitution.*

Troisième partie – Chapitre 8

Résumé

Lors de leur entrevue, Rodolphe refuse de prêter de l'argent à Emma. Envahie par la folie et le délire, Emma a des visions hallucinatoires sur le chemin de retour. Elle se rend à la pharmacie, demande résolument la clé du capharnaüm à Justin, et avale de l'arsenic.
Lors des premiers symptômes, Charles perd la tête. Homais et le docteur Canivet se montrent hésitants et maladroits. Appelé trop tard sur place, le célèbre

docteur Larivière constate qu'Emma est perdue. Larivière, invité à dîner chez Homais, doit donner son avis sur les petits malaises des Yonvillois, qui défilent comme des malades imaginaires devant lui. C'est avec ferveur qu'Emma, agonisante et secouée par des convulsions, reçoit l'extrême-onction de l'abbé Bournisien. Lorsque tout à coup retentit la chanson de l'aveugle, Emma meurt, prise par un *rire atroce*.

Analyse et commentaire critique

Le refus de Rodolphe

C'est le refus de Rodolphe qui pousse Emma définitivement au suicide. En dépit du souvenir nostalgique qu'elle évoque devant lui, son ancien amant, d'abord flatté par les compliments d'Emma (*Tu es un homme, toi!*), se montre intransigeant et distant (*chère Madame*) dès qu'il apprend le vrai but de sa démarche (*c'est pour cela qu'elle est venue!*). Emma devient furieuse, puisqu'elle sait exactement que Rodolphe est de mauvaise foi en prétendant ne pas pouvoir lui prêter d'argent: *tu as un château, des fermes, des bois; tu chasses à courre, tu voyages à Paris . . .*

La nostalgie d'Emma

Malgré ses déceptions douloureuses, Emma a gardé un souvenir nostalgique faussé de Rodolphe (*Il était si bon, si délicat, si généreux!* III/7) et se laisse prendre à nouveau par la dissimulation et la prétention de son discours (*Alors il entama une explication de sa conduite, s'excusant en termes vagues, faute de pouvoir inventer mieux. [. . .]. Il répondit d'un ton philosophique: – L'existence est ainsi!*).

La folie et le délire

En quittant Rodolphe, Emma a des hallucinations dues à un véritable accès de *folie*. Mais l'aspect financier de sa situation reste secondaire: *elle ne se rappelait point la cause de son horrible état, c'est-à-dire la question d'argent. Elle ne souffrait que de son amour.* Ce sera donc principalement le désespoir sur le plan sentimental qui la poussera au suicide. Malgré sa liaison avec Léon, elle n'a jamais pu oublier Rodolphe: *il lui semblait, bien qu'ils fussent séparés pour toujours, qu'elle n'était pas complètement affranchie de sa dépendance* (III/5). Effective-

ment, si elle lui reproche maintenant de ne pas l'aimer, c'est parce qu'il ne correspond nullement à cette image idéale et romantique qu'elle s'est forgée de l'amour d'après ses lectures: – *Mais moi, je t'aurais tout donné, j'aurais tout vendu, j'aurais travaillé de mes mains, j'aurais mendié sur les routes.*
C'est donc contre ce monde, qui ne lui a pas permis de réaliser ses rêves, qu'Emma se révolte: elle ne supporte plus de voir souillées et tournées en dérision toutes ses aspirations à l'idéal.

L'agonie d'Emma

Même l'espoir d'Emma en une mort douce – *je vais m'endormir, et tout sera fini!* – sera cruellement déçu. Avec une précision inouïe, Flaubert décrit tous les stades de son agonie, de l'*affreux goût d'encre*, des *gémissements* et de son *hurlement sourd* jusqu'aux *convulsions* et aux *gouttes sur sa figure bleuâtre [. . .] figée dans l'exhalaison d'une vapeur métallique*, en passant par la langue qui *tout entière lui sortait de la bouche.*

L'arsenic

> L'arsenic était dans l'air. Suicides et crimes se multipliaient. La littérature avait mis le poison et l'adultère à la mode. (Herval 1957, p. 68)

La lucidité d'Emma face à la mort

Face à la mort, Emma, pour la première et dernière fois dans sa vie, renonce aux clichés de ses illusions romanesques, en prononçant des paroles authentiques qui renvoient directement à la réalité: *Oui . . ., c'est vrai . . ., tu es bon, toi! – Ah! c'est atroce, mon Dieu!* C'est par les hallucinations de la folie et le martyre de son agonie qu'enfin Emma parvient à la lucidité. En effet, *cet affreux goût d'encre*, qu'elle a dans sa bouche, pourrait bien provenir de ses livres romantiques. Elle se purge de ses idées reçues, en vomissant toutes ses lectures. Au *souvenir de ses adultères et de ses calamités*, elle détourne *sa tête comme au dégoût d'un autre poison plus fort qui lui remontait à la bouche.* C'est en se regardant longuement dans un miroir – cette fois-ci sans vanité – qu'elle accède enfin à la vérité, qui s'avère insoutenable (*de grosses larmes lui découlèrent des yeux*).
Par cette transformation, Emma accède au mystère. Elle devient l'incarnation de la souffrance et de la damnation, tout en approuvant sa décision de mettre fin à ses jours, comme dernière étape d'un

processus inéluctable: *Il le fallait, mon ami. [...]. Elle maudissait le poison, l'invectivait, le suppliait de se hâter.*

Un baiser ardent

En se suicidant, Emma continue à violer les lois prescrites par la religion chrétienne. Le crucifix que l'abbé Bournisien lui tend juste avant sa mort, devrait absoudre la coupable. Cependant, comme le remarque Gérard Gengembre, l'ironie de Flaubert se manifeste également dans cette scène: au lieu de récupérer Emma, l'Homme-Dieu sur le crucifix lui permet à nouveau une dérive de ses désirs d'amour. Dans cette joie dont elle est saisie, ces retrouvailles avec la volupté mystique et ce baiser ardent et éperdu, toute sa vie se rassemble et se confirme juste avant de sombrer dans le néant.

Le docteur Larivière

Le docteur Larivière est un des rares personnages que Flaubert n'ironise pas et qui se moque à son tour de Homais, dont il aperçoit immédiatement la bêtise et la vanité. Incarnant le médecin idéal, il représente le Savoir et le Pouvoir. En effet, à son arrivée, le narrateur lui assigne le statut de dieu: *L'apparition d'un dieu n'eût pas causé plus d'émoi*. Cependant, malgré les traits comiques qui accompagnent l'agonie d'Emma – le latin médical, l'impuissance du médecin et la suffisance du pharmacien, le défilé des malades imaginaires devant Larivière –, ce dieu ne surgit pas comme le „deus ex machina" dans une comédie de Molière. Son commentaire énigmatique sur l'état d'Emma – *C'est bien, c'est bien* – est lourd de signification: non seulement il constate l'incompétence des autres, mais encore, tout comme un dieu-arbitre de la destinée, il déclare inéluctable et nécessaire la mort d'Emma.

Un dieu-narrateur lucide et impuissant

C'est donc un véritable dieu qui juge la vanité humaine des personnages. Pourtant, malgré sa lucidité, et tout comme Justin, qui assiste en tant que complice-témoin à l'empoisonnement d'Emma, ce dieu est impuissant, désespéré et incapable d'agir. Il se borne à un diagnostic terrifiant, en dénonçant toutes les fausses illusions et la vanité de la *bêtise bourgeoise*, dont l'homme ne guérira pas.

Tout comme le narrateur qui se veut impartial, il n'a qu'une seule arme: la parole. Son calembour sur Homais (*sang/sens*), qui reste inaperçu, démontre sa supériorité intellectuelle, due également à *la finesse de son esprit* tant redoutée. Ensuite, il disparaît.

L'aveugle: un nouveau Tirésias

Dans le cadre d'une interprétation du roman à la lumière de l'esthétique de la tragédie antique, Gérard Gengembre assigne à l'aveugle le rôle de Tirésias:

> Certes, il symbolise le destin, mais surtout sa chanson dit dérisoirement la vérité du désir féminin. [...] cet avatar de Tirésias représente allégoriquement la décomposition puisqu'il en porte les stigmates sur son repoussant faciès. C'est donc bien une figure de rassemblement dont le grotesque horrible renforce et nie en même temps le sublime de la scène. Enfin, l'ultime hallucination d'Emma qui croit «voir la face hideuse du misérable, qui se dressait dans les ténèbres éternelles comme un épouvantement» le tire du côté des figures infernales. (Gengembre 1988, p. 714–715)

En effet, de par son aspect affreux et par l'évocation, dans sa chanson, de l'image de *la faux qui moissonne*, l'aveugle est une allégorie de la mort. Cette chanson licencieuse, au moment même de la catastrophe tragique, marque un extrême contrepoint grotesque dans le roman: *la chaleur d'un beau jour* en tant qu'image de la vie contraste vivement avec la mort imminente d'Emma, tout comme *le jupon court* rabaisse le fait de *rêver à l'amour* au plan de la pure sensualité.

Troisième partie – Chapitre 9

Résumé

En brusquant son entourage, qui se montre peu sensible à son extrême douleur, Charles insiste pour qu'Emma ait un enterrement romantique. Pendant la veillée funèbre, Charles sombre dans le désespoir, tandis que Homais et Bournisien se disputent au sujet de la religion. Mais, grisés et ricanant devant la défunte, ils finissent par *s'entendre*.

«Cette survenue du néant»

En mourant, Emma a cessé d'exister, comme le souligne la phrase qui termine le chapitre précédent: *Elle n'existait plus*. Contrairement à la foi chrétienne qui soutient l'immortalité de l'âme, le texte annonce l'annulation complète du personnage en niant toute possibilité de résurrection. Comme pour empêcher toute consolation et tout euphémisme, le texte souligne l'aspect répugnant du cadavre en pourriture, caché sous un voile (*une pâleur visqueuse*; *un flot de liquides noirs sortit, comme un vomissement, de sa bouche*), qui provoque un *cri d'horreur* de la part de Charles.

Charles s'impose

Bien qu'abasourdi par sa douleur, Charles s'en prend presque ironiquement aux consolations stupides de Homais (*les [...] beaux jours maintenant vont revenir. – Ah! fit Bovary*), s'insurge contre Bournisien (*– Je l'exècre, votre Dieu!*) et s'impose enfin à sa mère. En dépit de sa maladresse, Charles s'était déjà montré très compatissant (*délicatement et presque en la caressant*; III/8) lors de l'agonie de sa femme. Mis à part Larivière, Justin et Rouault, il sera le seul personnage dont le comportement est sincère et authentique.

«Nous finirons par nous entendre!»

Tous les autres se montrent insensibles, égoïstes et vaniteux. La présence de la défunte n'empêche pas Homais et Bournisien de reprendre de plus belle leur ancienne dispute grotesque sur la religion, éternel dialogue de sourds plein de clichés (*Ils s'échauffaient, ils étaient rouges, ils parlaient à la fois sans s'écouter*). En effet, leur comportement se ressemble minutieusement (*M. Bournisien aspergeait la chambre d'eau bénite et Homais jetait un peu de chlore par terre*). Non seulement ils s'endorment à leur tour plusieurs fois lors de la veillée funèbre, mais encore ils n'hésitent pas à manger, à ricaner un peu, *excités par cette gaieté vague après des séances de tristesse*. Ils prennent même une quantité non précisée de *petits verres* d'eau-de-vie et finissent par se retrouver complices: - *Nous finirons par nous entendre!*

Une complicité dangereuse

Ainsi, la religion du progrès et de la science dont se vante Homais, comme représentant de la bourgeoisie libérale, finit par ressembler au catholicisme dogmatique et autoritaire qu'elle prétend combattre et auquel elle se croit supérieure: en réalité, tous deux font partie de la *bêtise bourgeoise*, dénoncée par Flaubert. L'auteur semble donc nourrir des soupçons à leur égard: ils pourraient bien s'arranger dans ce consentement réciproque pour se partager le pouvoir politique. Effectivement, René Girard voit en eux *les symboles des deux moitiés opposées et solidaires de la France petite-bourgeoise* (Girard 1978, p. 177).

Troisième partie – Chapitre 10

Résumé

Mis au courant par une lettre maladroite de Homais, le père Rouault entreprend un voyage pénible à Yonville et s'évanouit à la vue du cercueil de sa fille. Après la cérémonie funèbre à l'église, le cortège se rend au cimetière, à travers un paysage printanier, rempli de joie. La nuit, Justin pleure sur la tombe d'Emma, tandis que Léon et Rodolphe dorment tranquillement et que *Charles, éveillé, pensait toujours à elle.*

Analyse et commentaire critique

La cérémonie funèbre: la perspective de Charles

A l'occasion de la cérémonie funèbre à l'église, le narrateur semble adopter la perspective de Charles, qui, accablé de douleur et irrité par l'interminable procédé rituel, veut en finir au plus vite (*-Dépêchez-vous donc! Je souffre, moi!*). Son point de vue ressemble à celui d'un étranger, qui, en assistant la première fois à une telle cérémonie, n'aperçoit que les gestes sans en saisir le sens et l'enchaînement logique.
(Cette scène rappelle le comportement grotesque de Charles à la représentation de *Lucie de Lammermoor* au théâtre de Rouen, où il avoue *ne pas comprendre l'histoire, – à cause de la musique, – qui nui-*

sait beaucoup aux paroles; II/15. Le rite catholique se trouve donc rapproché d'un spectacle.)

Un rite absurde

Les effets sont d'autant plus comiques que l'action, au lieu de prendre une allure spirituelle, se réduit à une suite de mouvements rituels, dont la vanité, le grotesque et même l'absurdité sautent aux yeux du lecteur: *Monsieur Bournisien, en grand appareil, chantait d'une voix aiguë; il saluait le tabernacle, élevait les mains, étendait les bras [. . .]. On chantait, on s'agenouillait, on se relevait, cela n'en finissait pas!* Pour Charles, ces gestes constituent la suite logique des insupportables consolations de la veille, lorsque l'ecclésiastique *discourait sur la vanité des choses terrestres. Dieu était bien grand et bon; on devait sans murmure se soumettre à ses décrets, même le remercier* (III/9).

Rite et idée reçue

Pour le lecteur, instance plus lucide que Charles, l'aspect rituel de ces gestes, qui s'enchaînent d'une façon presque automatique, renvoie à la *bêtise bourgeoise*, et, en particulier à leur articulation verbale, aux «idées reçues». Effectivement, celles-ci fonctionnent selon le même principe: inauthentiques parce que recourant à l'expérience secondaire et figée du „déjà-dit", elles reprennent et renforcent le «convenu» (une règle, un rite, une opinion arrêtée, le point de vue ou la vision du monde d'un groupe ou d'une couche sociale), tout en procurant un sentiment – ou plutôt une illusion – de sécurité, de certitude et de supériorité.

Le bourgeois hypocrite

Homais, qui, à la veillée funèbre d'Emma, n'était pas gêné de se disputer et même de se saoûler avec Bournisien, *jugea peu convenable* que le père Rouault se mette *tranquillement à fumer une pipe après l'enterrement de sa fille*, et que le domestique du notaire ne porte pas un habit noir.

L'aspect dangereux de la «bêtise bourgeoise»

Lheureux, véritable séducteur dont l'ultimatum provoque le suicide de l'héroïne, fait également état d'une hypocrisie qui cette fois-ci tourne en atrocité. Comme il déplore publiquement et encore plus que les autres la mort de sa proie, l'aspect ridicule – et souvent naïf – de la *bêtise bourgeoise* glisse vers le cynisme: *quelle douleur pour son mari! Dire pourtant que je l'ai encore vue samedi dernier dans ma boutique!*

Ces paroles sortent tout droit du *Dictionnaire des idées reçues*, où Flaubert note sous *ENTERREMENT: – A propos du défunt: «Et dire que je dînais avec lui il y a huit jours!»*
Ainsi, les idées reçues perdent leur caractère inoffensif pour devenir agressives et dangereuses.

«Cette survenue du néant»

A nouveau, la «survenue du néant» se fait lourdement sentir. En quittant Yonville, le père Rouault, qui, à l'opposé de la bavardise de Homais, déclare à Charles ne plus trouver des mots pour le consoler (*c'est la fin pour moi, voyez-vous!*), se reprend un instant: *Mais, quand il fut au haut de la côte, il se détourna*. L'attente du lecteur cependant, suscitée par le «mais», ne sera pas satisfaite, puisque Rouault ne distingue qu'*un enclos de murs où des arbres [. . .] faisaient des bouquets noirs entre des pierres blanches*.

L'indifférence du monde

En effet, le paysage reste complètement indifférent comme la veille, à l'enterrement de sa fille. Là, tout au contraire, le décor avait prêté plutôt à un contraste irritant à la mort, avec sa *brise fraîche*, ses couleurs printanières, vives et joyeuses, et *toutes sortes de bruits joyeux* (*le cri d'un coq, la galopade d'un poulain*).

Troisième partie – Chapitre 11

Résumé

Assommé par les réclamations impertinentes et sans fin des créanciers, Charles, seul avec sa fille qu'il chérie, se réfugie dans son deuil. Malgré certains soupçons, il ne se doute pas des infidélités d'Emma, dont il adopte même les habitudes. La découverte de tous les billets doux ainsi que du portrait de Rodolphe le plonge aussitôt dans le désespoir. Quand il rencontre son rival, il est fasciné tout en accusant la fatalité. Le lendemain, il meurt. Berthe devient ouvrière dans une filature de coton, tandis que triomphe la *bêtise bourgeoise*: le commerce de Lheureux prospère et Homais, habile opportuniste sans scrupules, reçoit enfin la croix d'honneur.

La naïveté bizarre de Charles

En ignorant la nature des relations entre Léon et Emma, Charles adresse des félicitations grotesques au nouveau notaire d'Yvetot: «*Comme ma pauvre femme aurait été heureuse!*» Refusant d'accepter sa disparition, il se comporte *comme si elle vivait encore*. Effectivement, comme il adopte même ses vices, *elle le corrompait par delà le tombeau.*

«C'est la faute de la fatalité»

La réaction de Charles est significative: furieux, puis résigné dans une *lassitude funèbre*, Charles prononce *le seul grand mot qu'il ait jamais dit*: *C'est la faute de la fatalité!* Ce recours au caractère inéluctable du destin est amplement ironisé par le texte. Flaubert, dans le *Dictionnaire des idées reçues,* note sous *FATALITÉ: – Mot exclusivement romantique.*

Rodolphe: «conduire la fatalité»

En effet, pour Rodolphe la fatalité fait partie d'une attitude romantique et passive à laquelle il fait appel en tant que séducteur-conquérant d'Emma (*la fatalité l'exige*; II/8). Contrairement à Charles, il conçoit le destin comme le résultat de l'initiative et de l'action individuelles. Lucide, Rodolphe „mène" le destin à sa guise, tandis que Charles, passif et docile, le subit et l'accepte naïvement, afin de légitimer sa passivité et son échec: *Rodolphe, qui avait conduit cette fatalité, le trouva bien débonnaire pour un homme dans sa situation, comique même, et un peu vil.*

Les excuses de l'échec

L'attitude de Charles renvoie à la scène centrale du roman. Il n'aurait jamais eu l'idée d'attribuer l'échec de l'opération du pied bot à sa médiocrité, tout au contraire: *La fatalité s'en était mêlée* (II/11). A la fin de l'*Education sentimentale*, les deux héros du roman Frédéric et Deslauriers s'expliqueront leur échec d'une façon analogue. Au lieu de l'attribuer à l'absence de vitalité et d'énergie, *ils accusèrent le hasard, les circonstances, l'époque où ils étaient nés.* Ainsi, après avoir récapitulé leur vie, tout ce qu'ils *ont eu de meilleur* se réduit à un épisode de leur jeunesse, la visite lamentable d'un bordel.

Charles: l'image du néant

Il est même probable que Charles emploie le mot de fatalité parce qu'il figure dans la lettre de rupture de Rodolphe: «*O mon Dieu! non, non, n'en accusez que la fatalité!» – Voilà un mot qui fait toujours de l'effet, se dit-il [. . .].* II/13)

Effectivement, comme le souligne le narrateur, Charles n'est pas *de ceux qui descendent au fond des choses*. Un détail symbolique vient s'ajouter à ce portrait: après sa mort inattendue, Canivet *l'ouvrit et ne trouva rien*. En dépit de plusieurs signes d'une certaine sympathie due à son manque d'hypocrisie et de prétention bourgeoises ainsi qu'à son émancipation par rapport à sa mère tyrannique, l'image de Charles se fige en caricature de la médiocrité et du vide absolu.

La mort „romantique" d'un masochiste

Quand il découvre enfin les infidélités de sa femme, il prend une attitude masochiste (*Elle lui en parut plus belle et il en conçut un désir permanent, furieux*), qui va jusqu'à la prosternation et l'anéantissement de soi-même: *C'était un émerveillement. Il voulut être cet homme.* Le lendemain, comme pour se mettre encore une fois à la place de son rival, il s'assied sur le banc dans la tonnelle, au lieu même où Rodolphe a triomphé jadis (voir p. 74). C'est à ce moment qu'il mourra, résigné, mélancolique et suffoquant *comme un adolescent sous les vagues effluves amoureux qui gonflaient son cœur chagrin.*

Cette image d'une pitoyable impuissance contraste avec l'atmosphère romantique de la scène (*le jasmin embaumait, le ciel était bleu, des cantharides bourdonnaient autour des lis en fleur*), qui, à son tour, s'oppose à la description minutieuse de l'agonie et de la décomposition d'Emma, qui avait tant convoité une mort à l'image des héroïnes de ses lectures romanesques.

Les cheveux d'Emma

Le narrateur note un seul détail lourd de signification: Charles *tenait dans ses mains une longue mèche de cheveux noirs*, que Homais avait coupée maladroitement à la défunte. Tout au long de l'action et surtout lors de ses rencontres amoureuses avec Rodolphe et Léon, les cheveux d'Emma, dénoués ou en désordre, symbolisent la sensualité, tout comme le côté tragique de l'héroïne (*Elle a les cheveux dénoués: cela promet d'être tragique*, dira Charles de Lucie au théâtre de Rouen; III/1). Effectivement, une des causes principales de la catastrophe est le fait que Charles, de par sa médiocrité et de sa nullité, qui culminent dans son échec de l'opération du pied bot, n'a jamais pu vraiment comprendre et satisfaire les ambitions sociales, romantiques et sensuelles de sa femme.

Le triomphe de Lheureux et de Homais

Le roman s'achève sur le triomphe du marchand Lheureux et du pharmacien Homais, représentants dynamiques et sans scrupules de la petite bourgeoisie provinciale. Tandis que Lheureux établit son nouveau „grand magasin", les *Favorites du commerce*, Homais, sous l'œil ironique et réprobateur du narrateur, se lance dans toutes sortes d'activités ridicules (*la statistique le poussa vers la philosophie*) allant jusqu'au reniement de „sa religion", qu'il avait présentée avec pompe au début.

La menace de la «bêtise bourgeoise»

En dépit des apparences (Homais *était les plus heureux des pères, le plus fortuné des hommes*), ces deux personnages prennent de plus en plus un caractère offensif. Le narrateur déclare même que Homais, *toujours guidé par l'amour du progrès et la haine des prêtres*, devient *dangereux* et dénonce *la scélératesse de sa vanité*. Non seulement, il réussit à se débarrasser de l'aveugle lorsque celui-ci menace sa réputation, mais encore se prostitue-t-il pour recevoir enfin la croix d'honneur. L'ascension de ce personnage, mélange grotesque de bêtise, d'opportunisme, d'hypocrisie et de vanité, prend la dimension d'une menace. Il devient à son tour ce dont il accusait l'absurde législation du gouvernement: *une véritable épée de Damoclès suspendue sur notre tête* (III/2).

La structure du roman

Les trois parties du roman

Le roman comprend trois parties:

I Jeunesse de Charles; rencontre et mariage avec Emma; Charles, médecin à Tostes; bal à la Vaubyessard (valse d'Emma avec le vicomte)

II Arrivée à Yonville-l'Abbaye; naissance de Berthe; amour inavoué de Léon Dupuis pour Emma; l'abbé Bournisien; enfance d'Emma; rencontre avec Rodolphe; Comices agricoles; liaison avec Rodolphe; refroidissement; opération du pied bot: échec de Charles/déception d'Emma/retour à Rodolphe; rupture de Rodolphe/folie d'Emma; spectacle à Rouen (le ténor Lagardy/retrouvailles avec Léon)

III Liaison avec Léon (cathédrale/fiacre); visites secrètes à Rouen; dégradation d'Emma; difficultés financières; refus de Rodolphe; suicide d'Emma à l'arsenic; mort de Charles/triomphe de Homais

Une structure symétrique

En regardant de plus près, le roman s'avère être construit symétriquement.

1	jeunesse de Charles
2	rencontre avec Emma
3	la Vaubyessard (le vicomte) – Léon
4	liaison avec Rodolphe
5	**l'opération du pied bot**
4	retour à Rodolphe
3	l'opéra à Rouen (Lagardy) – Léon
2	mort d'Emma
1	mort de Charles

Il s'ouvre et se termine avec la jeunesse et la mort de Charles Bovary **(1)**, personnage d'une médiocrité grotesque, placé sous le signe du «néant».
Il s'ensuit la rencontre de Charles avec Emma qui correspond à la mort de celle-ci **(2)**.
La réalisation éphémère des rêves romanesques d'Emma au château de la Vaubyessard avec le per-

sonnage idéal du vicomte, ainsi que l'amour non déclaré entre Emma et Léon à Yonville marquent l'étape suivante **(3)** dans la progression du récit.
La partie analogue de cette période se trouve dans la soirée d'opéra à Rouen, où Emma rêvera du ténor Lagardy et reverra Léon, avec qui elle aura une liaison fulgurante.
Après le départ de Léon, Emma succombe aux avances de Rodolphe lors des Comices agricoles **(4)**, mais finit par se retourner vers son mari dans l'espoir d'un succès fulminant.

L'axe du roman: l'opération du pied bot

Avec l'opération du pied bot, qui occupe la place centrale du roman **(5)**, le roman entre dans sa phase décisive qui ressemble à la péripétie de la tragédie classique. En raison de sa médiocrité Charles échoue lamentablement. Cette défaillance provoquera, à son tour, le désespoir d'Emma et son déclin vers la mort. Ayant perdu définitivement toute considération pour son mari, elle renoue avec Rodolphe (4) et s'endette davantage chez Lheureux.

La structure microcosmique: les couples

À ce jeu de symétrie par rapport à la structure «macrocosmique» du roman, correspond tout un système de références réciproques – parallélismes et/ou oppositions – sur le plan «microcosmique». Les personnages, les objets et les lieux vont souvent par couples: Héloïse et Emma, le bourgeois anticlérical Homais et l'abbé Bournisien, les amants Léon et Rodolphe. On remarquera aisément les *papillons noirs* du bouquet de mariage (I/9) et les *papillons blancs* de la lettre déchirée par Léon (III/1), la procession lors du mariage et celle lors de l'enterrement d'Emma, la guérison de la jambe du père Rouault et l'amputation de celle d'Hippolyte, le joueur d'orgue de barbarie (I/9) et l'aveugle (III/5, 8). Sont présentés également deux fermes (celle du père Rouault et celle de la mère Rollet), deux villages (Tostes et Yonville), deux châteaux (la Vaubyessard et la Huchette) et deux auberges (Le *Lion d'or* et le *Café français*).

La chronologie du roman

1809	naissance de Charles Bovary
1818	naissance probable d'Emma
1828	Charles entre en 5^{e}
1831–1834	inscription pour l'officiat de santé – échec à l'examen final
1835/1836	Charles reçu; installation à Tostes en automne; mariage avec Héloïse au printemps (avril ou mai 1836)
1837	fracture du père Rouault (6 janvier); Charles suspend ses visites aux Bertaux à cause de la jalousie d'Héloïse (mars); après la mort d'Héloïse, Charles retourne aux Bertaux (fin juillet); demande en mariage (fin septembre)
1838	mariage (mai); déception d'Emma (été); bal de la Vaubyessard (fin septembre)
1839	mélancolie d'Emma (printemps-été)
1840	séjour de Mme Bovary mère à Tostes (Carême); visite du père Rouault (février); malaises d'Emma
1841	départ pour Yonville (mars); naissance de Berthe (juin); visite à la mère Rollet avec Léon (début juillet)
1842	amour platonique entre Emma et Léon (février); Emma se reprend (mars); départ de Léon (mai); apparition de Rodolphe (juillet); comices agricoles (août); Emma devient sa maîtresse (octobre)
1843	refroidissement de leur amour (avril); opération du pied bot (mai); leur liaison redémarre; projets de fuite d'Emma (août); rupture (4 septembe); maladie d'Emma (automne/hiver), Charles emprunte 1000 francs à Lheureux (octobre)
1844	convalescence d'Emma (mai); *Lucie de Lammermoor* à Rouen (juin); scène du fiacre; mort du père Bovary; les rendez-vous du jeudi (été-automne)
1845	deux négociations avec Lheureux; Emma s'endette; refroidissement avec Léon
1846	inventaire de l'huissier (samedi 21 mars); départ pour Rouen et dernière rencontre avec Léon (22 mars); après les rencontres avec Guillaumin, Binet et Rodolphe, Emma s'empoisonne (lundi 23 mars); extrême-onction et mort d'Emma (mardi, 24 mars, 14 et 16 heures); mise en bière et obsèques (26 mars)
1847	mort de Charles Bovary (août)
1847/48	mort de Mme Bovary mère; paralysie du père Rouault
1856	Berthe travaille dans une filature de coton tandis que Homais reçoit la croix d'honneur

(voir aussi Seebacher 1975 et Gengembre 1988, p. 483f.)

Analyse des personnages

Emma

Dès sa jeunesse au couvent, dont elle garde un souvenir nostalgique (I/2; III/6), Emma rêve de mener une vie à l'image sublime et fausse de ses lectures romantiques (cf. p. 39, 40). Cependant, en tant que femme d'un officier de santé médiocre, elle n'a pas les moyens de réaliser ses aspirations (cf. p. 45). Par conséquent, en donnant à l'apparence plus d'importance qu'à la réalité, elle se réfugie dans une attitude artificielle et affectée (cf. p. 57, 61).
A la fois candide et corrompue, elle croit échapper à l'ennui de son entourage banal et décevant et trouver le bonheur dans l'adultère et la vie luxueuse (cf. p. 62). Par ambition, elle pousse Charles à l'opération du pied bot d'Hippolyte (II/11). Le nouvel échec de son mari déclenche un processus tragique. Emma renoue avec Rodolphe et Léon, connaît une nouvelle crise dépressive et, pour satisfaire ses fantaisies coûteuses, s'endette de plus en plus auprès de l'usurier et du «tentateur» rusé, Lheureux. Persécutée par Lheureux et délaissée par ses amants, elle se suicide.
Son prénom évoque le passé simple du verbe «aimer»: «aima». Comme tous les prénoms à la mode de l'époque, il a une terminaison italienne en «a» (voir aussi les noms qu'Emma envisage de donner à sa fille: Clara, Louisa, Amanda, Atala).

Charles Bovary

Dès son entrée en scène, Charles apparaît comme un *cheval de manège* (I/1), un être faible, passif, plat, d'une apparence et d'une naïveté grotesques, peu soigné, très rustique, qui n'arrive jamais à comprendre les aspirations de sa femme. Il est placé sous le signe de l'échec, dû non seulement à sa médiocrité, mais surtout aux ambitions de son entourage (par ex. sa mère pour son éducation, Emma pour l'opération du pied bot). En dépit de ses insuffisances professionnelles (il n'est qu'officier de santé), sa modestie et sa bonhomie lui assurent les sympathies de ses clients campagnards (I/9). Sa tendresse et son amour inconditionnel et aveugle pour Emma restent très ambi-

gus. Ce n'est que vers la fin du roman qu'il réussit à s'imposer à sa mère dominatrice et s'insurge même contre les consolations ridicules de l'abbé Bournisien (III/9). Cependant son attitude masochiste envers Rodolphe et sa mort sur le banc, où Emma s'était rencontrée avec son amant, le rendent à nouveau grotesque.
Son nom est parlant: „Bovary" renvoie à „bœuf". Les connotations de *«charbovari»* (I/1) sont de caractère multiple: allusion à *charivari* (= synonyme de vacarme) ou *«charbova ri»*: *charbova* (= „char à bœufs"; un garçon de la campagne); *ri* (= „rit" du verbe rire; en effet: *Toute la classe se mit à rire*; I/1)

Mme Bovary mère

Ambitieuse, elle pousse Charles aux études et le marie à une riche veuve, Héloïse Dubuc. Rusée, tyrannique envers son fils, elle n'arrête pas de se disputer avec Emma, dont elle devine les vraies intentions. Emma n'éprouve que mépris et haine pour cette *paysanne* (II/12).

M. Bovary père

C'est un véritable raté, un *hâbleur* imbécile, *blasé* et buveur, dont tous les projets de se *«faire valoir»* échouent et qui finit par se retirer à la campagne (I/1). Lors de la naissance de Berthe, il affiche un anticléricalisme forcené (II/3). Il meurt *tout à coup, d'une attaque d'apoplexie* (III/2).

Léon Dupuis

Clerc de notaire à Yonville, Léon, timide et sentimental, est le double d'Emma. N'ayant pas osé se déclarer à Yonville, il fait la cour à Emma à Rouen, comme un *poltron*. En effet, c'est un séducteur banal et vaniteux, qui deviendra la *maîtresse* d'Emma (III/5), et qui, par un calcul lâche et opportuniste, finira par choisir le conformisme et la médiocrité (III/6, 11).
Le caractère banal du nom („Dupuis" comme „Dupont" désigne Monsieur tout le monde) renvoie à la timidité gauche de Léon au début, tout en contrastant avec la mauvaise foi du clerc arrivé, prétentieux et *poltron* qui voudrait s'imposer en véritable «lion» („Léon"). Après Emma Bovary, il continuera de „suivre le bœuf", puisqu'il épousera une Léocadie Leboeuf, de Bondeville („bon" dans le sens

de „serviable”; „ville“ par opposition à la campagne).

Rodolphe Boulanger

Ce véritable Casanova énergique et rude ne pense qu'à séduire et conquérir pour satisfaire sa sensualité. Il y parvient uniquement par un calcul froid en utilisant tout l'artifice romantique et sentimental (sujets de conversation, idées reçues, gestes, soupirs, allusions etc.). Par conséquent, il dévoile les illusions d'Emma ainsi que ses exigences sexuelles, cachées par la passion romanesque.
Rodolphe évoque le prénom italien Rodolfo et renvoie au héros du roman-feuilleton *Les Mystères de Paris* (1842-43) d'Eugène Sue. Le caractère à la fois trivial et lourd de son nom de famille, Boulanger, est encore souligné par son domicile, le *château de la Huchette* (= la „huche à pain“: coffre de bois où on garde le pain). Ainsi, *Emma n'aperçoit que l'apparence «Rodolphe», et son amant, au fond, est «Boulanger». «Rodolphe Boulanger», ou la prétention dans le commun* (Pommier 1967).

Homais

C'est à travers Homais, ce personnage vaniteux et opportuniste, dont *la figure n'exprimait rien que la satisfaction de soi-même* (II/1), que Flaubert peint la *bêtise bourgeoise*. Bien que proclamant le progrès et les *immortels principes de 1789*, Homais recourt toujours aux stéréotypes, se montre autoritaire et paternaliste et n'hésite pas à écarter brutalement l'aveugle, dès que celui-ci s'avère dangereux pour lui. Seules ses attaques anticléricales contre Bournisien semblent bénéficier de la sympathie du narrateur. Cependant, par ses „certitudes“ et sa vénération inconditionnelle de la Science, qu'il érige en nouveau dieu, il retombe dans la bêtise. Ses nombreuses démarches et machinations opportunistes et hypocrites se soldent par un triomphe global à la fin du roman: l'avenir est à la petite bourgeoisie avec sa *bêtise* sans bornes.
Son nom de famille renvoie à „homo“, peut-être aussi à „bonhomme“ ou à „on“ (= les idées reçues, ce qu'*on* dit), et même à „homard“ (voir les *trois homards engourdis* au *Café de Normandie*; III/6).

Bournisien

Bournisien, ce prêtre distrait, maladroit et insensible aux soucis d'Emma, se montre autoritaire et rude lors du catéchisme (II/6). Le narrateur insiste sur son manque d'intelligence, surtout à l'occasion des querelles fréquentes avec Homais, guidé par la *haine des prêtres* (III/11). Jean Pommier souligne que son nom *volumineux et opaque* convient parfaitement à sa lourdeur: *Il est enfermé dans ces syllabes comme dans la prison de sa bonté, de sa bêtise et de sa force.*

Lheureux

Lheureux, c'est le spéculateur „heureux", puisqu'il réussit à ruiner le *Café français* et pousse Emma au suicide, qui, pendant longtemps, se juge *heureuse* de l'avoir pour *fournisseur et banquier.* Ce *marchand de nouveautés*, au passé douteux et d'origine gasconne, est un usurier habile et hypocrite, d'apparence dévote, mais féroce dès qu'il tient sa proie.

(Vinçart)

Allié à Vinçart, un prêteur de Rouen, qui reste invisible, il est le tentateur diabolique à l'image de Méphistophélès. C'est le seul personnage entièrement négatif. Bien que ses machinations rusées poussent Emma au suicide, il la plaint en public lors de l'enterrement (pour son portrait voir p. 58).
Marianne Beyerle a indiqué les réminiscences de Flaubert à Goethe: Tout comme le caniche de Faust disparaît lors de sa première rencontre avec Méphistophélès, la levrette d'Emma s'enfuit de la diligence, où elle fait la connaissance de Lheureux.

Théodore

Domestique du notaire et amant vaniteux de Félicité, qui portera un vieil habit bleu à boutons d'or le jour des comices agricoles ainsi qu'à l'enterrement d'Emma, au grand scandale de Homais.

Lestiboudois

Le sacristain-fossoyeur-jardinier d'Yonville.

le père Rouault

Bien que superstitieux (voir les *trois poules noires*; III/10), le père d'Emma s'oppose de par sa simplicité (I/3) à la bavardise de Homais en déclarant à Charles ne plus trouver de mots pour le consoler de la mort d'Emma (*c'est la fin pour moi*; III/10).

Justin

Véritable „juste“ et adolescent qui semble vénérer Emma d’un amour platonique, il est un des rares personnages dont le comportement est sincère et authentique. Cependant, c’est par sa maladresse tragique qu’Emma peut se procurer de l’arsenic. Le soir de l’enterrement, il pleure sur sa tombe.

Félicité

La bonne d’Emma qui remplace Nastasie (renvoyée au retour du bal de la Vaubyessard) et dont Emma, prétentieuse, veut faire *sa femme de chambre* (I/9). Dans le *Dictionnaire des idées reçues*, on trouve: *FÉLICITÉ. – Toujours parfaite. Votre bonne se nomme Félicité, alors elle est parfaite.*

Héloïse Dubuc

Riche veuve que Mme Bovary mère choisit pour son fils et dont le prénom rappelle l’histoire d’amour tragique entre Abélard et Héloïse. Cependant, „Dubuc“ dément grotesquement l’association romantique du prénom et renvoie à l’aspect physique du personnage *laid*, *maigre* et aux *dents longues* (I/2).

Lieuvain

Le Conseiller de Préfecture dont l’allocution est aussi vaine que son nom („lieu vain“) (II/8).

Tuvache
Larivière

Le nom de Tuvache, maire d’Yonville, rappelle la „vache”. Pour le docteur Larivière, image idéale du médecin et auto-portrait de Flaubert voir p. 98.

Les thèmes majeurs

C'est avec le roman de Flaubert que naît la notion du *bovarysme*: le refus de concevoir la réalité autrement que d'après des illusions.
Bercée de chimères romanesques et poussée par des ambitions sociales, cette femme petite-bourgeoise s'enfonce dans l'artifice. Exaspérée par l'ennui provincial et l'impossibilité de réaliser ses rêves en tant que femme mariée à un homme plat et médiocre, Emma se révolte.
La tentation est double: d'un côté l'adultère, de l'autre la vie luxueuse. Tous deux s'avèrent être des leurres et la mènent dans une impasse tragique. Toute sa vie se corrompt et devient un masque grotesque de l'inauthenticité et de la médiocrité universelle.
Se réfugiant dans les certitudes rassurantes du convenu, presque tous les personnages du roman recourent aux clichés, aux *idées reçues*.
Les illusions et l'artifice d'Emma, la sottise et la banalité de Charles, la lourdeur et la rusticité de l'abbé Bournisien, l'opportunisme et la brutalité de Léon et de Rodolphe, la prétention et le charlatanisme de Homais: tous ensemble ils constituent la *bêtise bourgeoise*.
Toutes les classes sociales en sont touchées: les paysans, la noblesse à la Vaubyessard, la domestique aux Comices agricoles, et surtout les bourgeois de toutes les couleurs. Comme la bêtise est universelle, le roman devient bilan du manque et de l'absence: plus d'énergie, plus de vertus, plus de sens, plus de projets, plus de perspectives. En tant que négation absolue, Flaubert annonce le néant: Emma n'existe *plus*, le docteur Canivet dissèque Charles et ne trouve *rien*, tandis que Homais, symbole de la „prétention du vide“ triomphe. Et avec lui l'usurier Lheureux, aux poches pleines d'argent.

Problèmes choisis du roman

a) Les principes littéraires de Flaubert*

impartialité

Je crois donc qu'il ne faut «**rien aimer**», c'est-à-dire qu'il faut planer impartialement au-dessus de tous les objectifs. (1857)

[...] quand on aura ... traité l'âme humaine avec l'impartialité que l'on met dans les sciences physiques à étudier la matière, on aura fait un pas immense ... (1853)

Je ne crois [...] pas que le romancier doive exprimer son opinion sur les choses de ce monde. Il peut la communiquer, mais je n'aime pas à ce qu'il la dise. (1868)

impassibilité

Que l'on sente dans tous les atomes, à tous les aspects, une impassibilité cachée et infinie (1852)

[...] la littérature prendra de plus en plus des allures de la science; elle sera surtout *exposante*, ce qui ne veut pas dire didactique (1853)

impersonnalité

[...] dans ce livre-ci ... pas de réflexions, personnalité de l'auteur absente (1852)

[...] laisser voir mon opinion personnelle sur les gens que je mets en scène, non, non ... pas le droit (1876)

b) Les quatre temps de Madame Bovary

Dans *L'Orgie perpétuelle* (1978), Mario Vargas-Llosa distingue quatre plans temporaires qui établissent des divisions importantes dans le récit. En voilà le résumé:

Le temps singulier

Les événements spécifiques (comme l'arrivée du nouveau), les occupations humaines ou les sensa-

* selon sa «Correspondance»

tions exceptionnelles et/ou instantanées sont marqués le plus souvent par l'emploi du **passé simple**.

Le temps circulaire

C'est le temps des habitudes et des répétions (par ex. les journées ordinaires de Charles et d'Emma; I/9), des activités de série, des réflexions, des états d'âme (par ex. l'ennui d'Emma; I/9). Il est raconté à l'**imparfait**.

Le temps immobile

Quelquefois, le temps semble disparaître au profit de la pure description statique (par ex. celle d'Yonville; II/1) ou de la „philosophie" du narrateur, qui, à ces rares moments, adopte une allure omnisciente. Comme temps grammaticaux, on trouve le **présent** ou même l'**imparfait** qui prend alors la dimension du présent (par ex. dans des tableaux où les personnages sont figés, statiques).

Le temps imaginaire

C'est le temps des rêves, du travail, de l'imagination, des illusions, des fantasmes, provoqués par des désirs insatisfaits. Emma n'est pas la seule à le peupler de créations irréelles: Homais et Léon fabriquent aussi des mythes. Tous les temps grammaticaux conviennent en fonction des personnages et de leurs constructions imaginaires (voir Gengembre 1988, p. 553).

c) «Nous étions à l'étude»: le début du roman

Le «nous» mystérieux

Le «nous» du début de Madame Bovary surprend dans une œuvre qui tend vers une écriture de l'impersonnalité. Pourquoi avoir choisi d'abord la voix traditionnelle du récit, pour ensuite – toujours dans le premier chapitre – s'en distancer insensiblement?

Une maladresse de Flaubert?

Le „nous" qui commence à relater Madame Bovary pourrait être un ancien condisciple de Charles, qui raconte ses souvenirs. Ce „nous" disparaît au bout de quelques pages et l'on n'entend plus parler de lui, sans qu'on sache si Flaubert l'a oublié, ou s'il l'a écarté parce qu'il nuisait à son principe d'impersonnalité. Robert Marthe nous propose l'explication suivante:

Un des „petits grincements“ du récit?

On dira que produits à un pareil niveau, ces petits grincements de l'appareil romanesque ne peuvent pas causer à l'œuvre un tort bien considérable, ils n'entraînent guère qu'une légère discordance sur quoi le lecteur, fasciné comme il l'est par l'histoire, se donne volontiers le luxe de passer. (Marthe 1983)

L'incertitude du „narrateur-personnage pluriel“

Mario Vargas-Llosa croit qu'il s'agit d'un *narrateur collectif* ou bien d'*un de ces élèves qui utilise le pluriel par modestie et volonté d'anonymat*. Pour lui, cette incertitude est essentielle au narrateur-personnage qui ouvre l'histoire: *Le brouillard qui enveloppe le narrateur-personnage pluriel facilite sa substitution: il s'évanouit et cela ne se remarque pas parce qu'il était déjà presque invisible.* (Vargas-Llosa 1978, p. 181–182).

Ne serait-ce pas plutôt le souci de Flaubert d'en finir définitivement avec la narration de type balzacien? Dans la lettre du 20 septembre 1851, Flaubert avait fait part à Louise Colet de ses *difficultés de style*: *J'ai peur [. . .] de faire du Balzac chateaubrianisé.*

Le but de Flaubert: évoquer et dépasser Balzac?

La stratégie de Flaubert serait donc la suivante: évoquer et dépasser Balzac dès le début du roman à l'aide d'une scène-clé. En effet, Balzac, dans *Louis Lambert*, s'était déjà servi du même thème que Flaubert choisit de traiter d'une manière si différente.

d) L'arrivée d'un nouveau au collège dans le roman «Louis Lambert» de Balzac (1832)

L'arrivée sensationnelle d'un nouveau s'annonce

Quiconque voudra se représenter l'isolement de ce grand collège avec ses bâtiments monastiques, au milieu d'une petite ville, et les quatre parcs dans lesquels nous étions hiérarchiquement casés, aura certes une idée de l'intérêt que devait nous offrir l'arrivée d'un *nouveau*, véritable passager survenu dans un navire. [. . .]. „Vous aurez demain un Nouveau!“ Tout à coup ce cri: „Un nouveau! un nouveau!“ retentissant dans les cours.

Le «nous»/«je» du narrateur-condisciple

Nous accourions tous pour nous grouper autour du régent, qui bientôt était rudement interrogé: „D'où venait-il? Comment se nommait-il? En quelle classe serait-il?", etc.

L'arrivée de Louis Lambert fut le texte d'un conte digne des *Mille et une Nuits*. J'étais alors en quatrième chez les Petits. [. . .].

L'arrivée de Louis Lambert

Le lendemain si attendu vint enfin. Un moment avant le déjeuner, nous entendîmes dans la cour silencieuse le double pas de monsieur Mareschal et du nouveau. Toutes les têtes se tournèrent aussitôt vers la porte de la classe.

Des maîtres sympathiques et pleins de „bonté"

Le père Haugoult, qui partageait les tortures de notre curiosité, ne nous fit pas entendre le sifflement par lequel il imposait le silence à nos murmures et nous rappelait au travail. Nous vîmes alors ce fameux nouveau, que monsieur Mareschal tenait par la main. Le régent descendit de sa chaire, et le directeur lui dit solennellement, suivant l'étiquette: – Monsieur, je vous amène monsieur Louis Lambert, vous le mettrez avec les Quatrièmes, il entrera demain en classe. [. . .] comme il n'y avait plus qu'un seul pupitre de libre, Louis Lambert vint l'occuper, près de moi qui étais entré le dernier dans la classe. Malgré le temps que nous avions encore à rester en étude, nous nous levâmes tous pour examiner Lambert. Monsieur Mareschal entendit nos colloques, nous vit en insurrection, et dit avec cette bonté qui nous le rendait particulièrement cher: – Au moins, soyez sages, ne dérangez pas les autres classes. [. . .].

Une initiation cruelle pour le nouveau

Nous étions environ quatre-vingts diables, hardis comme des oiseaux de proie. Quoique nous eussions tous passé par ce cruel noviciat, nous ne faisions jamais grâce à un nouveau des rires moqueurs, des interrogations, des impertinences qui se succédaient en semblable occurrence, à la grande honte du néophyte de qui l'on essayait ainsi les mœurs, la force et le caractère.

Un surnom pour le nouveau: Pythagore

Lambert, ou calme ou abasourdi, ne répondit à aucune de nos questions. L'un de nous dit alors qu'il sortait sans doute de l'école de Pythagore. Un rire général éclata. Le nouveau fut surnommé *Pythagore* pour toute sa vie au collège.

La supériorité du nouveau

Cependant le regard perçant de Lambert, le dédain peint sur sa figure pour nos enfantillages en désaccord avec la nature de son esprit, l'attitude aisée dans laquelle il restait, sa force apparente en harmonie avec son âge, imprimèrent un certain respect aux plus mauvais sujets d'entre nous. Quant à moi, j'étais près de lui, occupé à l'examiner silencieusement.

Louis vu par le narrateur: vigueur et beauté

Louis était un enfant maigre et fluet, haut de quatre pieds et demi; sa figure hâlée, ses mains brunies par le soleil paraissaient accuser une vigueur musculaire [. . .]. Sa tête était d'une grosseur remarquable. Ses cheveux, d'un beau noir et bouclés par masses, prêtaient une grâce indicible à son front, dont les dimensions avaient quelque chose d'extraordinaire [. . .]. La beauté de son front prophétique provenait surtout de la coupe extrêmement pure des deux arcades sous lesquelles brillait son œil noir, qui semblaient taillées dans l'albâtre, et dont les lignes, par un attrait assez rare, se trouvaient d'un parallélisme parfait en se rejoignant à la naissance du nez.

e) Fonctions de l'italique chez Flaubert

Compte non tenu de l'italique en tant que citation d'un titre, il y a dans *Madame Bovary* une centaine de mots ou de passages en italique. Effectivement, il existe un emploi typiquement flaubertien de l'italique:

Authenticité et précision dans le discours indirect libre

L'italique intervient souvent dans la narration pour y désigner une expression reprise au discours direct du personnage dont on reproduit avec précision les mots mêmes qu'il a prononcés: „Comme Homais était partisan du progrès, il conçut cette idée patriotique que Yonville, pour *se mettre au niveau*, devait avoir des opérations de stréphopodie" (II/11). *L'italique apparaît dès lors comme un garant de l'authenticité du texte, de la fidélité de la transcription; grâce à lui, on peut éviter la cassure que produit dans un texte narratif l'introduction d'une réplique en style direct, tout en indiquant avec la plus grande précision „ce qui a été dit"* (Gothot-Mersch 1966).

Annexes

Jugements critiques

a) Hans Robert Jauß: Literaturgeschichte als Provokation

Hans Robert Jauß zeigt anhand des Prozesses von 1857 die revolutionäre Wirkung von Flauberts neuem Erzählstil auf: Der *discours indirect libre* bzw. die Prinzipien *impersonnalité/impassibilité/impartialité* führen dazu, daß der Leser weitgehend vom Autor bzw. Erzähler allein gelassen wird. Er findet den für Honoré de Balzacs Romane so typischen auktorialen Erzähler – und damit jene überlegene, führende und wertende erzählerische Instanz mit einem entsprechend hoch erhobenen moralischen Zeigefinger – nicht mehr vor.

Die revolutionäre „erlebte Rede" (discours indirect libre)

Die neue literarische Form, die das Publikum Flauberts zu einer ungewohnten Wahrnehmung der *abgegriffenen Fabel* nötigte, war das Prinzip des unpersönlichen (oder unbeteiligten) Erzählens in Verbindung mit dem von Flaubert virtuos und perspektivisch konsequent gehandhabten Kunstmittel der sogenannten *erlebten Rede*. Was damit gemeint ist, kann an einer Beschreibung verdeutlicht werden, die der Staatsanwalt Pinard in seiner Anklage als in höchstem Maße moralwidrig inkriminierte. Sie folgt im Roman auf den ersten »Fehltritt« Emmas und gibt wieder, wie sie sich nach dem Ehebruch im Spiegel erblickt:

Emmas Perspektive oder Kommentar des Erzählers?

»En s'apercevant dans la glace, elle s'étonna de son visage. Jamais elle n'avait eu les yeux si grands, si noirs, ni d'une telle profondeur. Quelque chose de subtil épandu sur sa personne la transfigurait. Elle se répétait: J'ai un amant! un amant! se délectant à cette idée comme à celle d'une autre puberté qui lui serait survenue. *Elle allait donc enfin posséder ces plaisirs de l'amour, cette fièvre de bonheur dont elle avait désespéré. Elle entrait dans quelque chose de merveilleux, où tout serait passion, extase, délire* [. . .].« Der Staatsanwalt nahm die letzten beiden

Sätze für eine objektive, das Urteil des Erzählers mit einschließende Schilderung und erregte sich über die *glorification de l'adultère*, die er für noch viel gefährlicher und unmoralischer halte als den Fehltritt selbst.

Der Irrtum des Staatsanwalts

Doch Flauberts Ankläger erlag dabei einem Irrtum, wie ihm der Verteidiger gleich ankreidete. Denn die inkriminierten Sätze sind keine objektive Feststellung des Erzählers, der der Leser Glauben schenken kann, sondern eine subjektive Meinung der Person, die damit in ihren nach Romanen gebildeten Gefühlen charakterisiert werden soll. Das Kunstmittel besteht darin, eine meist innere Rede der dargestellten Person ohne die Signale der direkten Rede (Je vais donc enfin posséder ...) oder der indirekten Rede (Elle se disait qu'elle allait donc enfin posséder ...) zu bringen, mit dem Effekt, daß der Leser selbst zu entscheiden hat, ob er den Satz als wahre Aussage hinnehmen oder als eine für diese Person charakteristische Meinung verstehen soll. [...]. Die konsternierende Wirkung der formalen Neuerungen in Flauberts Erzählstil wird im Prozeß offenkundig: die unpersönliche Erzählform nötigte seine Leser nicht allein, die Dinge anders – *photographisch genau*, nach dem Urteil der Zeit – wahrzunehmen, sondern stieß sie zugleich in eine befremdende Unsicherheit des Urteils.

(H. R. Jauß, Literaturgeschichte als Provokation, es 418, © Suhrkamp Verlag, Frankfurt/M. 1970, S. 203 ff.)

b) Erich Köhler: Die Klumpfußoperation

In seinen *Vorlesungen zur Geschichte der französischen Literatur* geht der Romanist Erich Köhler der Frage nach, ob die formale Zentralstellung der Episode der Klumpfußoperation auch durch deren Inhalt gerechtfertigt wird:

Emma Bovary, angewidert von der Banalität ihrer Ehe und ihres Lebens, hat versucht, ihre romanesken Träume von *félicité*, *passion* und *ivresse* durch das Liebesverhältnis mit Rodolphe zu realisieren. Die Enttäuschung läßt – wie wir wissen – nicht lange auf sich warten. Nicht Einsicht, sondern Desillusion bewirkt die Reue, die Emma veranlaßt,

Charles zu einer Handlung anzutreiben, die ihn und ihr gemeinsames Leben der lähmenden Mittelmäßigkeit entreißen soll. Aus gesellschaftlichem Ehrgeiz hatte Emma ihren Gatten überredet, aus dem kleinen Städtchen Tostes in das Städtchen Yonville überzusiedeln. Jetzt soll Charles durch die Klumpfußoperation ein Ansehen erringen, das Emmas Ehe mit ihm rechtfertigt und ihrem krankhaften Illusionsbedürfnis eine Legitimation im Rahmen der bürgerlichen Moral und des Prestigedenkens verschaffen soll. Charles aber versagt kläglich. Die letzte Chance für ein gemeinsames Leben und für Emmas Rettung ist damit vertan. Der Zweck, den Emma verfolgt hat, schlägt in sein Gegenteil um. Charles ist als Arzt für alle Zeit bloßgestellt, und Emma mit ihm. Die Episode der Klumpfußoperation leitet also die Katastrophe der Handlung ein, sie ist deren Peripetie im Sinne der aristotelischen Definition. Sie erfüllt diese Rolle in komplexer Weise. Das Ereignis selbst stellt den Kulminationspunkt der bisherigen Handlung dar und legt zugleich die Richtung auf das Ende fest. Emmas Liebe zu Rodolphe war vorher schwärmerisch-sentimental mit Wahrung des Scheins; jetzt wird sie hemmungslos; sie trägt ihre nun einsetzende moralische Degradation zur Schau.

(E. Köhler, Vorlesungen zur Geschichte d. franz. Literatur, © Kohlhammer Verlag, Stuttgart 1987, S. 95)

c) La critique idéologique de Jean-Paul Sartre

Le portrait du bourgeois qui va s'imposer au dix-neuvième siècle [. . .] ce sont les écrivains nobles, les légitimistes vaincus qui l'ont tracé: ceux qui l'ont repris par la suite, bourgeois ou bohèmes, n'ont rien pu lui ajouter, pas une touche. [. . .]
Ce que Flaubert dit du bourgeois ne varie guère et n'offre pas grand intérêt. Il brasse, sans trop de scrupules, des lieux communs fort anciens (l'industrie opposée à l'artisanat, la ville à la campagne, la civilisation à la nature) et d'autres plus récents, qui ont cours dans son milieu (mépris de la bourgeoisie in-

tellectuelle pour les idées reçues, de l'artiste pour le philistin, qui n'entend rien aux choses d'art, de l'utilitarisme et de l'esprit de sérieux au nom d'un pessimisme né de la déchristanisation, de la jouissance au nom d'un idéal acétique, du spiritualisme au nom de nos besoins. [. . .]
Il condamne le groupe social auquel il appartient mais, en vérité, il l'a toujours accepté: son ressentiment n'est qu'une réaction – d'ailleurs passive – d'enfant méconnu; la négation romantique (condamnation malédiction) qui vient se graffer sur cette réponse défensive reste empruntée, parasitaire, idéale. [. . .] il est de mauvaise foi. [. . .] jamais [. . .] il ne souhaitera sa [= bourgeoisie] destruction réelle ou son renversement.
[. . .] lieux communs et prudhommeries fourmillent dans sa correspondance. [. . .] Le socialisme, dirait Prudhomme, est une dangereuse illusion. Et Flaubert: *Ces déplorables utopies qui agitent notre société et menacent de la couvrir de ruines.* (Sartre 1966)

Autour du film de Claude Chabrol: «Madame Bovary»

a) Sur les lieux du tournage

C'est à Rouen, Lyons-la-Forêt et au château de Bucq, une vieille bâtisse envahie de ronces, à quelques kilomètres de Versailles, que Claude Chabrol a tourné les dernières scènes de *Madame Bovary* en décembre 1990. Marie-Elisabeth Rouchy s'est rendue sur les lieux du tournage, et a présenté son entretien avec Claude Chabrol aux lecteurs de *Télérama* (No 2134).

Après Renoir et Minnelli, Claude Chabrol filme à son tour le destin tragique d'Emma Bovary, un rêve qu'il caressait depuis plus de trente ans.

La peur de Chabrol de trahir Flaubert

«Chaque fois que j'envisageais de tourner, je me dégonflais. Je sentais le vieux Flaubert grimacer derrière mon dos. J'avais peur de le trahir. [. . .]. Je voulais lui être fidèle, à la virgule près. Quand j'écri-

vais le scénario, il m'est arrivé de passer un après-midi entier à comprendre pourquoi il avait placé cette virgule-là, en cet endroit précis. Flaubert passait des journées à méditer sur l'emplacement d'une virgule!

Couper l'enfance et la mort de Charles

Evidemment, il a fallu faire des choix. J'ai dû couper l'enfance de Charles. Le film commence à sa première visite à la ferme de Rouault et s'achève à la mort d'Emma. Je vais vous dire une bonne chose: au cinéma, il n'est pas bon qu'un film se poursuive quand le personnage principal a disparu!» [. . .].

Isabelle Huppert est Madame Bovary

Depuis le début du tournage, Isabelle Huppert refuse de parler à tout étranger au plateau. Elle s'est enfermée en Emma au point de s'y confondre, un sourire vague au bout des lèvres, le regard perdu, parfois douloureux, et parfois dur, fixe, la plupart du temps. Entre deux scènes, elle arpente le décor, muette, têtue, et presqu'absente . . .

Jean-François Balmer dans le rôle de Charles

Engoncé dans un habit, la tête penchée, le regard vague, Jean-François Balmer, un peu désœuvré, un peu languissant, attend la prochaine scène. Pour lui, rien ou presque rien à faire. Dans *Madame Bovary*, il joue Charles, l'époux d'Emma. Une tâche ingrate.

Charles: „un pauvre type qui ne voit rien“

Et pourtant, ce rôle, Balmer y tient. «*Charles écoute. Il regarde les autres. Il est paralysé. C'est une absence. Dans son film, Vincente Minnelli avait fait de Bovary une espèce de cow-boy alcoolique dont la femme se déprenait parce qu'il buvait. C'était une erreur. Bovary, c'est simplement un pauvre type qui aime sa femme, mais ne la comprend pas. Ce n'est même pas un cocu magnifique. Il pressent les choses, mais il ne voit rien! C'est un être opaque qui fait semblant d'être clair. Alors, il faut jouer diffus. C'est difficile: une somme de petites choses qui feront que peut-être, au montage, il en sortira un rôle. Chabrol et moi sommes d'accord: pas question d'en faire un imbécile . . .*»

Michel Butor: „le film fera lire le livre“

J'espère que le film fera lire le livre. Un film, c'est aussi de la critique. Quand on fait de la critique, on prend des citations, à l'intérieur d'un texte, et puis on fait un montage. [. . .]. Quand on fait le scénario d'un film, on fait un découpage de la même façon et puis les images, le jeu des acteurs, etc. c'est tout ce qui est autour de ces citations. Par conséquent on peut faire cinq cents film sur Madame Bovary. (Butor 1991)

b) Jacques Siclier: «Isabelle Bovary»

Isabelle Huppert est l'interprète idéale d'un grand film inspiré par Flaubert. «Madame Bovary» de Claude Chabrol (article paru dans *Le Monde*, 3 avril 1991, p. 12)

Un prélude fascinant

Le jour se lève sur la campagne normande. Un gamin guette la carriole de l'officier de santé qu'il doit conduire à la ferme du père Rouault, qui s'est cassé une jambe. Lorsque la carriole arrive dans la cour de la ferme cossue où le personnel, déjà, s'active, on aperçoit, sur le pas de la porte, une forme blanche. La caméra s'en approche. Une jeune fille en robe claire attend et, tout de suite, on la reconnaît. Gustave Flaubert avait donné à Emma Rouault des cheveux noirs et des yeux bruns. Isabelle Huppert est rousse, avec des yeux couleurs d'aigue-marine. Pourtant, et pour la première fois au cinéma, éclipsant les actrices qui déjà ont tenu le rôle, c'est bien elle, Emma, la fille du riche fermier. Elle attend, avec un air d'ennui. Sous le front obstiné, le regard se perd dans le vague, esquivant la réalité prosaïque de la ferme, du remue-ménage, des soins à donner. Oui, c'est Emma, celle qui va attendre et rêver toute sa vie, sans jamais être satisfaite. Celle qui va se vivre en héroïne romantique, sachant très bien qu'elle ne l'est pas. Celle qui refuse d'accepter la médiocrité de son entourage, jusqu'au jour où, perdue, ruinée, elle sera obligée d'affronter une réalité insupportable.

Un film sans lyrisme

Pendant plus de deux heures, de la ferme du père Rouault au lit d'agonie, Claude Chabrol montre Emma telle que Flaubert l'a «vue», ressentie au fond de lui-même et créée dans son roman. Sans lyrisme. Le lyrisme, tout autant que le romantisme, est l'erreur à ne pas commettre pour adapter ce livre. Pendant plus de deux heures, Chabrol mène son récit par séquences parfois très courtes, parfois longues, avec des «respirations», sur un rythme qui correspond – le montage est d'une extrême rigueur – à la phrase, à la construction narrative flaubertiennes.

Pendant plus de deux heures, il provoque aussi bien chez le spectateur que chez les spectatrices une identification à la seule Emma devenue l'épouse vite déçue de Charles Bovary (on admire comment, ayant supprimé le premier chapitre du roman, Claude Chabrol a su glisser le nom bredouillé «charbovari» dans la rencontre à la ferme). Emma, la bourgeoise de petite province frustrée dans ses ambitions, figure même de cette insatisfaction qui frappe tous les amateurs d'absolu, de passion amoureuse. Le film de Chabrol est à la fois le portrait fidèle de ce personnage «en creux» dans la société de son temps, et une étude du «bovarysme», tel qu'il fut révélé par Flaubert.

Les problèmes de la transposition au cinéma

La transposition au cinéma de *Madame Bovary* met forcément en état d'alerte les gardiens farouches de l'orthodoxie littéraire et les cinéphiles qui craignent l'académisme d'une nouvelle «qualité française». Chabrol connaît bien son monde. Il a magistralement désamorcé la bombe du faux débat dans le long entretien recueilli par Pierre-Marc de Biasi – spécialiste de Flaubert – pour *Autour d'Emma, le livre du film* (éd. Hatier). Cet entretien, *Un scénario sous influence*, témoigne non seulement d'une belle humilité chez le cinéaste, mais encore d'une parfaite adéquation de sa vision à la substance littéraire du roman.

D'où cette composition des plans où sont saisies, à travers le jeu distancié et la voix blanche d'Isabelle Huppert, les impressions d'Emma, enfermée dans ses rêves, alors que la mise en scène objective s'exerce sur les autres protagonistes, tels qu'ils sont et non comme elle les voit.

L'actrice idéale: Isabelle Huppert

Isabelle Huppert est bien, pour cela, l'actrice idéale. Elle sait qu'Emma n'est pas très intelligente, mais possède une énergie farouche dans ses fantasmes, ses désirs, ses insatisfactions. Alors, elle se place en retrait, pour embellir la réalité prosaïque filmée autour d'elle. La noce campagnarde, le bal au château de la Vaubyessard nous arrivent filtrés par la sensibilité et le regard d'Emma. Il suffit que la caméra la quitte un peu pour que les choses apparaissent différentes. Prenons la séquence des comices agricoles. Rodolphe Boulanger, le hobereau, fait sa cour à

Emma dans l'escalier de l'hôtel de ville, où leur arrivent des bribes du discours et de la cérémonie sur la place. Il est, à ce moment-là, telle qu'elle le veut: un dandy sorti d'un livre et prononçant les paroles qu'elle a besoin d'entendre. Si Emma rejoint alors son rêve, Rodolphe joue un rôle et Christophe Malavoy, qui a le physique et la voix du séducteur espéré, est démystifié par la vision de Chabrol.

La révolte d'Emma

Avec Rodolphe, puis avec Léon, Emma se déchaîne, emportée par la passion, capable de toutes les imprudences. Mais ses partenaires sont incapables de la suivre. Superbes sont les moments du film où

Emma semble se réveiller, où Isabelle Huppert manifeste son énergie contre Mme Bovary mère, contre Lheureux l'usurier, contre l'opinion publique, où elle pratique l'adultère comme une guerre de conquête, plie Léon à ses caprices, porte des toilettes coûteuses à la dernière mode de Paris, s'exhibe, maquillée, dans les rues de Yonville. Superbe cette sortie du rêve devant la menace de saisie, les masques tombés de Lheureux, Rodolphe, Léon. [. . .].

Le respect du cinéaste pour l'écrivain

Le cinéaste a parfaitement compris ce qu'il peut y avoir de balzacien dans le réalisme de Flaubert – la ferme, le cabinet médical, la saignée, l'opération du pied-bot et la gangrène d'Hippolyte, l'argent, les structures d'un ordre social – et il a manifesté son amour, son respect pour l'écrivain en utilisant, à intervalles régulières, par priorité sur l'image lorsqu'elle risque d'être insuffisante, des extraits du texte de Flaubert, lus d'une façon distanciée par François Périer. C'est admirable.

Index: thèmes – personnages – œuvres citées

Sujets de réflexion – Devoirs et recherches

Avis important: se servir de **l'index**

I. Sujets de réflexion

- La survenue du néant (*Elle n'existait plus.* III/8)
- Les différents aspects de la *bêtise bourgeoise*
- L'artifice et la bêtise d'Emma
- L'illusion romanesque: Emma et la lecture
- L'ennui d'Emma: les images de la vie provinciale
- Sensualité et prostitution d'Emma
- La représentation des couches sociales
- Le changement d'Emma à travers ses vêtements
- La structure tragique du roman
- Les objets et leur fonction dans la narration
- Mouvements circulaire et linéaire dans le roman
- Analyse des protagonistes selon des couples
- Fonction des personnages secondaires

II. Devoirs et recherches

1) Chercher et analyser des passages où Flaubert s'est servi de la technique du *blanc*!
2) Analyser la technique du „discours parallèle entrelacé“: Rodolphe/Emma et Lieuvain/Derozeray aux Comices agricoles (II/8), Emma/Léon et le suisse à la cathédrale de Rouen (III/1)!
3) Analyser la fonction du temps chez Flaubert (présent, passé simple, imparfait)!
4) *Elle savait danser, celle-là!* (I/8) Etudier l'emploi du discours indirect libre!

5) Chercher et analyser les «leitmotive» du récit (par ex. la fenêtre ouverte, la tentation, les cheveux et le pied d'Emma)
6) Au début de la troisième partie, la voiture paraît *plus close qu'un tombeau et ballottée comme un navire*. Chercher et étudier d'autres endroits où sont évoqués la mort et le plaisir sensuel.
7) Analyser les «couples» dans le roman.
   a) Sur le plan des personnages: Léon – Rodolphe, Homais – Bournisien, Emma – Héloïse, Mme Bovary mère – le père Rouault etc.
   b) Sur le plan des situations: les deux processions (I/4, III/10); le bal à la Vaubyessard et le bal masqué à Rouen; le joueur d'orgue (I/9) et l'aveugle etc.

8) Discuter l'opération du pied bot (II/11) en tant qu'axe symétrique du roman! Analyser les motifs d'Emma ainsi que son comportement après l'échec de Charles!
9) *Il l'ouvrit et ne trouva rien* (III/11). Etudier la médiocrité de Charles. Que penser de ses tentatives de révolte dans la dernière partie?
10) *Emma Bovary* de Flaubert et *Louis Lambert* de Balzac: comparer les deux présentations d'un *nouveau* à l'école!
11) Le docteur Larivière, *pratiquant la vertu sans y croire* (III/8), en tant qu'autoportrait de Flaubert?
12) *[. . .] tout bourgeois, dans l'échauffement de sa jeunesse, ne fût-ce qu'un jour, une minute, s'est cru capable d'immenses passions, de hautes entreprises. Le plus médiocre libertin a rêvé des sultanes; chaque notaire porte en soi les débris d'un poète* (III/6).
   a) Discuter ce commentaire du narrateur flaubertien par rapport à Léon!
   b) Tenir compte du postulat de l'impartialité et de l'impersonnalité!
   c) Chercher et analyser d'autres endroits, où un narrateur omniscient expose son opinion personnelle!

13) *Emma retrouvait dans l'adultère toutes les platitudes du mariage* (III/6). Analyser la liaison d'Emma et de Léon et d'Emma et de Rodolphe!
14) *Une description, dans un roman de Flaubert, [. . .] ne provoque pas, comme chez Balzac, une suspension du récit, elle est elle-même récit. Ceci provient de ce que la description correspond toujours à un regard, celui d'un des personnages, et jamais à la vision extérieure et objective d'un romancier démiurgique**. (Pierre Danger 1973, p. 110) [* dieu en tant qu'architecte de l'Univers]
    Vérifier cette hypothèse à l'aide de deux descriptions: celle de Yonville (II/1) et celle de la cathédrale de Rouen (III/1)!

15) Essayer de composer un *Dictionnaire des idées reçues* d'après *Madame Bovary*! Le comparer avec celui de Flaubert!
16) *Alors ils parlèrent de la médiocrité provinciale, des existences qu'elle étouffait, des illusions qui s'y perdaient.* (Emma et Rodolphe aux Comices agricoles, II/8)
Des héros médiocres accusant la médiocrité provinciale – discuter cette situation paradoxale!

Des sujets à propos du film de Claude Chabrol (voir p. 124–128):

17) *L'illustration est antilittéraire [...]. Vous voulez que le premier imbécile venu dessine ce que je me suis tué à ne pas montrer?* (Gustave Flaubert)
Ce verdict est-il également valable pour le médium du film?
18) *Si j'ai supprimé la jeunesse de Charles c'est que je savais qu'il suffisait pour moi que le comédien que je choisissais et qu'était Jean-François Balmer la lise pour que, quand il apparaît, cette jeunesse soit en lui* (Claude Chabrol 1991). En coupant l'enfance et la mort de Charles, Chabrol n'a-t-il pas trahi Flaubert?
19) Dans son film, Vincente Minnelli avait fait de Charles un *cow-boy alcoolique*. Jean-François Balmer, interprète de Charles dans le film de Chabrol, le défend en insistant sur un détail important: *Ce n'est pas un personnage stupide. Simplement, une chose importante c'est qu'il n'est pas médecin, il est officier de santé. Il a un peu usurpé le titre de médecin, il le sait, alors que tout le monde l'appelle docteur* (Balmer 1991). Discuter ces aspects!
20) Dans la fameuse scène des Comices agricoles (II/8), Claude Chabrol a cru nécessaire de couper la scène avec la servante Catherine Leroux. Discuter cette décision!

Bibliographie

Auerbach, Erich: Mimesis. Dargestellte Wirklichkeit in der abendländischen Literatur, Bern 1946; zu *Madame Bovary* S. 449–458

Balmer, Jean-François: in: *La revanche d'Emma Bovary, Ex-Libris*, Emission en direct de Jannick Jossin et Patrick Poivre d'Arvor, TF 1, 28 mars 1991, 22. 25–23. 25)

Barbéris, Pierre: Le Prince et le marchand. Idéologiques: la littérature, l'histoire, Paris 1980

Beyerle, Marianne: *Madame Bovary* als Roman der Versuchung, Frankfurt/M. 1975

Butor, Michel: in: *La revanche d'Emma Bovary, Ex-Libris*, Emission en direct de Jannick Jossin et Patrick Poivre d'Arvor, TF 1, 28 mars 1991, 22. 25–23. 25)
Chabrol, Claude: in: *La revanche d'Emma Bovary, Ex-Libris*, Emission en direct de Jannick Jossin et Patrick Poivre d'Arvor, TF 1, 28 mars 1991, 22. 25–23. 25
Danger, Pierre: Sensations et objets dans le roman de Flaubert, Paris 1973
Gengembre, Gérard: Flaubert. Madame Bovary (Ed. Magnard – Collection textes et contextes), Paris 1988
Girard, René: Mensonge romantique et vérité romanesque, Paris ²1978
Gothot-Mersch, Claudine: La genèse de *Madame Bovary*, Paris 1966
Heitmann, Klaus: Der Immoralismusprozeß gegen die französische Literatur im 19. Jahrhundert, Bad Homburg-Berlin-Zürich 1970
Herval, René: Les véritables origines de «Madame Bovary», Paris 1957
Jauß, Hans Robert: Literaturgeschichte als Provokation, Frankfurt/M. ²1970
Köhler, Erich: Vorlesungen zur Geschichte der französischen Literatur. Das 19. Jahrhundert II, hg. von Henning Krauß und Dietmar Rieger, Stuttgart 1987
Lattre, Alain de: La bêtise d'Emma Bovary, Paris 1980
Ozanam, Anne-Marie: Madame Bovary. Gustave Flaubert. Résumé analytique, commentaire critique, documents complémentaires, Paris 1989
Pommier, Jean: Noms et prénoms dans *Madame Bovary*. Essai d'onomastique littéraire, in: Pommier, Jean: Dialogues avec le passé. Etudes et portraits littéraires, Paris 1967, S. 140–157
Robert, Marthe: La Vérité littéraire, Paris 1983 (zit. bei Gengembre 1988, S. 30)
Sartre, Jean-Paul: La conscience de classe chez Flaubert, in: *Les Temps modernes*, Jg. 21, No 240 (mai 1966), S. 1921–1951 und 2113–2153
Sartre, Jean-Paul: L'Idiot de la famille, tome I et II, Paris (Gallimard) 1971
Seebacher, Jacques: Chiffres, dates, écritures, inscriptions dans *Madame Bovary*, in: La production du sens chez Flaubert. Colloque de Cérisy, Paris 1975
Vargas-Llosa, Mario: L'Orgie perpétuelle, Paris 1978; dt.: Die ewige Orgie. Flaubert und *Madame Bovary*, Reinbek/Hamburg 1980
Wartburg, Walter von: Flaubert als Gestalter, in: *Deutsche Vierteljahresschrift* 19 (1941), S. 208ff.

„Leichter lernen, lieber lernen. Also Klett."

Bert Brecht
»Der gute Mensch von Sezuan«
ISBN 3-12-922304-5

Bert Brecht
»Der kaukasische Kreidekreis«
ISBN 3-12-922323-1

Bert Brecht
»Leben des Galilei«
ISBN 3-12-922311-8

Georg Büchner »Dantons Tod«
ISBN 3-12-922332-0

Georg Büchner
»Woyzeck«
ISBN 3-12-922316-9

Theodor Fontane
»Frau Jenny Treibel«
ISBN 3-12-922326-6

Max Frisch
»Homo faber«
ISBN 3-12-922306-1

Max Frisch »Andorra«
ISBN 3-12-922329-0

J. W. von Goethe
Faust – Erster und Zweiter Teil
ISBN 3-12-922315-0

J. W. von Goethe
Iphigenie auf Tauris
ISBN 3-12-922314-2

Gerhart Hauptmann
»Die Ratten«
ISBN 3-12-922324-X

E.T.A. Hoffmann
»Der Sandmann«
ISBN 3-12-922318-5

Uwe Johnson
»Mutmaßungen über Jakob«
ISBN 3-12-922312-6

Franz Kafka
»Der Prozeß«
ISBN 3-12-922334-7

Gottfried Keller
»Romeo und Julia auf dem Dorfe«
ISBN 3-12-922322-3

Heinrich von Kleist
»Die Marquise von O.« / »Das Erdbeben in Chili«
ISBN 3-12-922328-2

Heinrich von Kleist
»Michael Kohlhaas«
ISBN 3-12-922331-2

Thomas Mann
»Der Tod in Venedig«
ISBN 3-12-922301-0

Thomas Mann
»Tonio Kröger«
ISBN 3-12-922309-6

Ulrich Plenzdorf
»Die neuen Leiden des jungen W.«
ISBN 3-12-922321-5

Friedrich Schiller
»Kabale und Liebe«
ISBN 3-12-922303-7

Friedrich Schiller
»Wallenstein«
ISBN 3-12-922302-9

Lyrik nach 1945
ISBN 3-12-922305-3

Liebeslyrik
ISBN 3-12-922319-3

Naturlyrik
ISBN 3-12-922325-8